AF253846

QUELQUES MOTS

SUR LA

COCHINCHINE

EN 1866

PAR

L. DE COINCY

PARIS

CHALLAMEL AÎNÉ, ÉDITEUR

LIBRAIRE COMMISSIONNAIRE POUR LA MARINE, LES COLONIES ET L'ORIENT

Rue des Boulangers-Saint-Victor, 30 (5ᵉ arrondissement)

1866

PRÉFACE.

—

Notre but en écrivant ces lignes n'est pas d'offrir une description complète de la Cochinchine, encore moins de raconter des souvenirs de voyage plus ou moins intéressants. Nous avons voulu, seulement, en donnant quelques détails d'une exactitude scrupuleuse sur ce beau pays, montrer dans une vue rapide, dans une sorte de résumé de sa situation actuelle, les ressources immenses qu'il offre à l'activité européenne, les richesses considérables qu'il cache dans son sein, prêt à les laisser tomber dans les mains qui s'avanceront de bonne foi pour les saisir.

Nous n'avons pas la prétention d'avoir dit quelque chose de nouveau, et nous prions les personnes qui ont bien voulu, en Cochinchine, nous accorder leur amitié ou leur bienveillance, de nous pardonner d'avoir pris la plume pour dire ce que beaucoup savent mieux que nous et auraient pu dire mieux que nous.

Notre pensée a été de réagir de toute l'énergie de notre conviction contre certain parti pris d'indifférence, certaines préventions, malheureusement trop répandues en France à l'égard de la Cochinchine.

Nous serons heureux si nous avons pu y contribuer pour une part si faible qu'elle soit.

Paris, 5 mai 1866.

QUELQUES MOTS

SUR LA

COCHINCHINE

EN 1866

Un des éléments qui peuvent concourir avec le plus de succès à l'équilibre général des États continentaux, c'est assurément la fondation et le développement de colonies dont la richesse venant s'ajouter à la fortune privée des citoyens de la métropole, augmente les ressources de celle-ci, condense pour ainsi dire sa puissance, et, en étendant son influence au dehors, élargit les bases de sa prospérité.

De ce rôle que les colonies ont à remplir, ressortent nécessairement quelques principes qui doivent présider à leur création et à leur administration. Les faits d'ailleurs sont pleinement d'accord avec ces principes. Les États d'une richesse intérieure considérable, d'une grande étendue territoriale, ne devront voir dans leurs colonies qu'un débouché pour leur surcroît de population, pour leurs produits, pour leur commerce. Ceux qui se trouvent dans des conditions opposées, devront chercher dans de nouveaux territoires les ressources qui leur manquent. — Les États puissants qui ont eu de très-vastes colonies, et dans les temps modernes, le sort de la grande monarchie espagnole le prouve surabondamment, sont destinés à voir ces colonies devenues trop pesantes pour la force centrale se détacher de la métropole et ne lui laisser pour prix de

la vie qu'elles en ont reçue que des richesses, parfois considérables, mais fatalement improductives.

Dans cet ordre d'idées, la France doit donc chercher en
dehors d'elle des positions importantes, d'une étendue et d'une
conformation géographique qui en rendent la défense facile,
d'un avenir commercial sérieux et enfin d'une grande influence
politique.

A ces divers titres et sans vouloir établir avec les autres
colonies françaises un parallèle qui entraînerait de trop grands
développements, la nouvelle colonie de Cochinchine est certainement une de celles qui méritent le mieux de fixer l'attention,
d'exciter des efforts sérieux et persévérants.

Ce pays, placé vers l'extrémité de la presqu'île Indo-Chinoise,
offre pour le commerce une partie des avantages qui ont fait la
richesse de Singapore. — Son sol fertile et déjà bien cultivé promet une exportation considérable. — La présence séculaire des
Chinois sur son territoire est un sûr garant de la facilité avec
laquelle on pourra augmenter, pour ainsi dire à volonté, sa population. — La situation géographique de ses villes principales,
placées à une certaine distance de l'embouchure des fleuves,
permet de la défendre avec des moyens très-restreints contre
une agression étrangère. — Ses habitants, d'un caractère facile
à manier et justes appréciateurs de la supériorité de notre administration et de notre justice, se rallient de jour en jour
davantage autour de notre drapeau. — Enfin, depuis le prin-
temps de l'année 1865, le gouvernement annamite de Hué
ayant perdu l'espoir de nous voir renoncer à notre établissement, s'y soumet franchement, et les hauts fonctionnaires (1)
des provinces annamites détachées au delà de notre territoire,
entretiennent avec les autorités françaises limitrophes et même
avec le gouvernement de Saïgon, de fréquentes relations de
bon voisinage.

Tout concourt à signaler cette colonie comme entrant dans
une voie de prospérité dont nous osons dire qu'on a vu peu
d'exemples après une durée d'établissement aussi faible.

Il est donc temps pour les hommes sérieux de porter sur ce

---

(1) Les autorités annamites des trois provinces détachées, Ha-tien, An-giang et
Vinh-long, sont venues assister à l'exposition agricole et industrielle de Saïgon du
25 février dernier.

point leur attention. Que des spéculateurs hardis et confiants n'hésitent pas à engager leurs capitaux! qu'ils viennent féconder ce sol vierge par l'activité et l'intelligence européenne! qu'ils ne se laissent pas décourager avant le premier pas par quelques essais malheureux dont on pouvait d'avance prédire l'insuccès! Ils ont tout pour eux. Ce qui manque uniquement en Cochinchine, c'est le travail et la persévérance.

Nous allons chercher à démontrer cette vérité; et pour cela, nous dirons ce qu'est la Cochinchine, sa configuration, son caractère particulier, ses ressources; puis nous montrerons brièvement ce qu'on a fait depuis la conquête, l'organisation administrative et ses résultats; enfin, nous essayerons d'indiquer les améliorations que l'on pourrait souhaiter, vers quel point doivent se porter les efforts communs des gouvernants et des gouvernés.

I.

CLIMAT. — CONFIGURATION GÉNÉRALE, — SUPERFICIE.

La longitude de Saïgon est de 104°21′43″ Est, sa latitude de 10°46′40″ Nord. La Cochinchine française se trouve approximativement comprise entre 11°30 et 10°20′ de latitude, et entre 103°30′ et 105°10′ de longitude.

Il résulte de cette position géographique une chaleur presque uniforme pendant toute la durée de l'année ; la température à l'ombre dans le cours de la journée ne varie pas au delà des limites de 27 et 36 degrés ; pendant la nuit, à l'époque du commencement de la mousson de nord-est, le thermomètre descend par exception à près de 20 degrés, mais ce cas est assez rare. Il n'y a pas de variations brusques de température ; au point de vue de la santé et au point de vue de l'agriculture, c'est là une considération importante. La saison des pluies dure environ du mois de mai au mois d'octobre ; le reste de l'année, il ne tombe pas une goutte d'eau Pendant la saison des pluies, un orage se forme chaque jour d'une façon assez régulière sous l'influence de la brise de mer et des courants d'air dirigés par les thalwegs des fleuves. Ordinairement, il se trouve en outre localisé par l'immense quantité d'électricité amassée dans les marécages et les nappes d'eau souterraines. Ainsi à Saïgon, quoique jusqu'à présent on n'ait pas fait d'observations météorologiques bien suivies, on admet assez généralement que l'orage arrive avec la marée. Il y aura là un curieux sujet d'études lorsque l'heure de la réflexion et du travail patient sera arrivée. En raison de cette action constante du soleil et de cette accumulation d'humidité et d'électricité pendant six mois de l'année, le climat est, non pas malsain, mais énervant et nuisible à la longue à la santé de l'Européen. Il faut observer que jusqu'à présent les conditions hygiéniques de l'habitation, de l'alimentation et de la manière générale de vivre n'ont pas été favorables à l'acclimatation des Français. Les personnes menant une vie sédentaire et faisant un exercice modéré, résistent beaucoup mieux au climat. Les maladies ne sont pas fréquentes, nous ne craignons pas de l'affirmer, quelle que soit à cet égard l'opinion d'un grand nombre de personnes. Il suffit d'écarter les causes ordinaires de maladies et surtout les excès dont l'influence sur la santé est bien plus considérable que dans les climats tempérés. La mortalité actuellement est d'environ 55 pour 1000 (1). La proportion du nombre des décès des officiers au chiffre correspondant pour les soldats et matelots est de moins de 1 pour 100. Depuis 1860 d'ailleurs, la mortalité est allée chaque année en décroissant, et la raison en est évidemment dans l'amélioration des conditions hygiéniques d'une part, et de l'autre dans l'accroissement de la population dans les grands centres. En résumé, de l'avis de tous les hommes compétents, les conditions sanitaires sont beaucoup plus favorables que dans l'Inde. Il n'y a d'ailleurs aucune raison pour que l'acclimatation des Européens soit plus difficile en Cochinchine qu'à Singapore, ou à Java qui se trouvent dans des conditions presque identiques.

Le sol de la Cochinchine est entièrement formé d'alluvions. —Toutefois quelques points tels que la montagne de Dien-ba, les collines de Bien-hoa, les montagnes de Shon-Lu, de Baria, du cap Saint-Jacques, les îles Poulo-Cécir, Poulo-Condore (1), de composition granitique, semblent rattacher, au travers de la Basse-Cochinchine, la grande chaîne dorsale de l'Asie aux pics de Sumatra, Bornéo, Java. — Contrairement à une opinion déjà ancienne, nous inclinerions à croire que le sol de la Basse-Cochinchine émerge lentement au-dessus des eaux de la mer, si l'on en juge du moins par les traces qu'on peut observer sur les côtes du cap Saint-Jacques. — Ce sol est admirablement propre à toute espèce de culture tropicale. Les terres basses fournissent le riz; celles qui sont plus élevées, l'indigo, la canne à sucre, le coton, le tabac, le mûrier à soie, le thé, le

---

(1) La mortalité par suite de maladies pendant la guerre d'Amérique, a été, d'après les rapports officiels, de 49 p. 1000 en 1861, et de 63 p. 1000 en 1862.

(1) En malais, poulo veut dire Ile.

poivre. Il serait très-facile d'importer le café dans les hautes terres des cercles de Tay-ninh, Bienhoa et Baria. L'arbre à pain qui vient en abondance à Singapore rendrait aussi de grands services si on l'introduisait dans la colonie. Les régions du nord et de l'est sont couvertes de forêts dont les diverses essences sont égales en qualité, sinon supérieures, à celles de l'Inde ou de l'Amérique.

On évalue d'une façon approximative à 23 000 kilomètres carrés la surface de la Cochinchine française; c'est environ six fois et demie la surface de la Guadeloupe (1). Nous n'occupons guère effectivement que la moitié de cette surface et de cette moitié les deux tiers tout au plus sont cultivés. La proportion est encore beaucoup plus faible pour le territoire que nous n'occupons pas. On voit donc que dans cet immense champ d'une fertilité inouïe, sillonné par des milliers de canaux qui sont les voies de communication de toute la partie méridionale de la colonie, les choses sont naturellement disposées pour fournir à l'activité européenne les éléments d'une fructueuse exploitation, facile dans ses commencements par l'absence de concurrence, riche de promesses pour l'avenir par l'inépuisable quantité de produits qu'elle offrira à l'exportation.

LE DONNAI. — SAIGON. — CHO-LEN.

Trois grands fleuves arrosent la Cochinchine française; ce sont :

Le Mé-Kong, ce fleuve géant de l'Indo-Chine dont les sources peu explorées jusqu'à présent semblent se perdre dans les derniers contre-forts des montagnes du Thibet. La branche orientale débouche dans la mer par un delta de cinq bras dont le troisième, à partir du sud, le Cua-Balaï, limite les possessions françaises.

Le Grand-Vaïco, formé de la réunion du Vaïco occidental et du Vaïco oriental, qui vient déboucher non dans la mer, mais dans le Soirap à cinq ou six milles de son embouchure.

Le Soirap formé de la réunion de la rivière de Saïgon et de la rivière de Bienhoa qui se rejoignent à une douzaine de milles au-dessous de Saïgon.

---

(1) Cette surface égale la Nouvelle-Calédonie, 4 fois et demie la Guyane, 23 fois la Martinique, 10 fois la Réunion, 1/23ᵉ de la France, 3 1/2 départements français.

Il y a en outre le Dan-Trang et le Donnaï qui reliés entre eux et au Soirap par de larges canaux traversent des terrains bas et marécageux. Ce dernier est considéré comme la prolongation de la rivière de Saïgon. Enfin il y a encore le Thi-Waï qui vient de l'est, de Long-than, déboucher dans la mer près du Donnaï, puis le Rach-lap et le Cua-lap qui, partant de la région de Baria, entourent la presqu'île du cap Saint-Jacques et en font une véritable île.

De tous ces fleuves, celui qui mène à Saïgon est le Donnaï; il a été choisi par les marins parce que la présence du cap Saint-Jacques, de l'île de Nui-Neua et des montagnes de Baria rend son entrée facile aux bâtiments, tandis que les autres branches obstruées à de grandes distances de leur embouchure par des bancs de sable, n'offrent aucun point de repère qui permette de prendre des relèvements certains sans le secours d'un pilote.

A l'entrée du Donnaï, non loin du petit village de Cangiou, demeure de quelques Annamites et résidence officielle des douze pilotes de la rivière, un stationnaire (1) signale par sa position la place exacte de la passe, et est chargé de la police du bas de la rivière.

Les bords du Donnaï jusqu'à Saïgon n'offrent à l'œil aucun sujet d'étonnement ou d'admiration; d'interminables rideaux de palétuviers, de palmiers aquatiques et de quelques autres arbustes, contiennent la vue dans d'étroites limites, ou si quelque échappée laisse de loin promettre un dédommagement, d'immenses plaines basses et marécageuses viennent bientôt détromper le regard.

Lorsqu'on remonte la rivière, on passe d'abord aux *Quatre-Bras*, puis laissant sur la droite le Rach-Antit et le Rach-Mongom, on arrive au banc de Corail et à la *Ville de Paris* dont il y a peu de temps encore on apercevait quelques membrures au-dessus de l'eau à la marée basse. — Le fort du Sud, ancien débris des fortifications annamites, reconstruit pour servir de prison militaire, signale l'approche de Saïgon. — Des jonques de mer chinoises dressent au-dessus de l'eau leurs flancs arrondis, et leurs gaillards recourbés, tandis que leurs voiles de nattes si simplement disposées se balancent au gré du vent ou sont re-

---

(1) On a établi en cet endroit depuis peu de temps un feu flottant.

pliées comme les feuilles d'un éventail. Puis ce sont les barques de mer annamites ou tonkinoises, les bâtiments de commerce européens qui font le cabotage des mers de Chine ou même les voyages au long cours. Il n'est pas rare d'en voir trente ou quarante sur rade quand le fret tarde à s'offrir.

Enfin on jette l'ancre entre l'arroyo chinois et celui de l'Avalanche. — Au coin de l'arroyo chinois et en aval, se trouvent la direction et les magasins des Messageries Impériales récemment terminés; puis de l'autre côté de l'arroyo, on voit se dérouler les quais plantés d'arbres et dont un travail considérable de revêtement en granit (1) promet pour une époque peu éloignée un alignement exact et un abord facile. — Perpendiculairement au quai, s'allongent le *Grand Canal* bordé de deux rues, la rue Charner et la rue Rigault de Genouilly ; la rue Catinat, qui, traversant la place du Gouvernement, va rejoindre la route stratégique en longeant la caserne de l'infanterie de marine, et la rue Impériale qui va du port de guerre au gouvernement. On trouve plus loin, en remontant la rivière, la direction du port de guerre, la manutention, les chantiers des constructions navales renfermant le dock flottant en cours de construction, et dont le succès, mis en doute par les uns, affirmé par d'autres, est l'objet de l'attente générale. Derrière ces constructions, en s'éloignant du bord de la rivière, l'hôpital, la Sainte-Enfance, le collége, les magasins centraux et la citadelle construite par les Annamites en 1837.

Une grande route traverse cette citadelle parallèlement à la rivière. Partant du premier pont de l'Avalanche et longeant la caserne sous le nom de route stratégique ou rue Chasseloup-Laubat, elle va couper la route de Saïgon à Tong-Kéou et rejoindre enfin celle de Saïgon à Cholen. Tout cet ensemble, qui renferme environ 10,000 habitants (en y comprenant toutefois les villages situés plus haut sur l'arroyo de l'Avalanche, celui de Touranne et ceux qui sont à l'entrée de la route de Tong-Kéou et de l'arroyo chinois), n'est pas à coup sûr aussi correct et aussi satisfaisant à l'œil que Singapore ou Pointe-de-Galles. On sent le travail de l'enfantement d'une ville ; mais, quand on songe d'un côté, à ce qu'était Saïgon il y a quatre ans, aux marécages qui en couvraient une partie, aux cime-

---

(1) Ce granit provient des carrières du cap Saint Jacques.

tières qui en occupaient une autre et laissaient exhaler pendant les pluies de redoutables effluves, aux cases en paillottes qui servaient de demeure à tous les Français ; quand d'un autre côté, on met en balance les canaux creusés, les plaines assainies, les grandes voies tracées, les constructions solides élevées de toutes parts, l'agglomération sans cesse croissante des habitants, on ne peut méconnaître l'activité déployée par le gouvernement, et on est forcément amené à taxer d'impatience inconsidérée les désirs et les plaintes de ceux qui veulent faire porter aux autres la peine de leurs illusions perdues ou de leur caractère chagrin.

Que de fois n'avons-nous pas entendu comparer Saïgon à Singapore en en faisant ressortir les différences d'un air de dédain pour la nouvelle ville et de mécontentement contre la direction des affaires ! Quant à nous, nous ne pouvons trouver quel rapport d'égalité on voudrait établir entre une ville, capitale d'un pays qui a trois ans d'existence tranquille, une ville située à 56 milles dans l'intérieur d'une rivière et une colonie qui date de trente ans, qui a l'avantage de la priorité de naissance, d'une position géographique supérieure, depuis longtemps l'entrepôt du commerce de l'Orient. Nous dirons plus : nous ne désirons pas voir Saïgon complétement semblable à Singapore et nous préférons, pour l'avenir de notre colonie, une richesse compacte, homogène, utile surtout à la métropole, à une agglomération de vingt races différentes, basée uniquement sur le commerce extérieur, sans ressources propres et soumises à toutes les chances d'une guerre lointaine.

Nous ne sommes pas de ceux dont l'optimisme complaisant a toujours un éloge prêt pour chaque mesure, une excuse pour chaque faute ; mais nous demandons qu'on tienne compte des difficultés et des efforts faits pour les vaincre. Nous reviendrons plus loin sur ces considérations d'une façon plus détaillée, et les preuves à la main. Il nous suffit pour le moment d'avoir élevé notre voix pour réclamer une justice plus impartiale, pour protester contre l'esprit de dénigrement et contre les impressions fâcheuses que nous avons trouvées répandues en France et même, nous le dirons avec douleur, à l'étranger.

Autour de Saïgon s'étendent de riches terrains dont une grande partie se trouve maintenant cultivée, grâce aux efforts constants qui ont été dirigés dans ce sens. Les Annamites, attirés par la proximité de Saïgon, sont venus s'établir en foule dans les meilleures positions. Un des endroits qui jouissent de la plus grande réputation pour la fertilité et les ressources de toute sorte, est le canton du Go-viap. Nulle *mangue* ne vaut celles du Go-viap; on ne trouve pas ailleurs d'aussi beaux, d'aussi bons *mangoustans*, ce roi des fruits. Les bananes, d'espèces très-variées, sont aussi plus parfumées. Je ne parle pas des oranges (*trai-cam, trai-quit*, etc.), des ananas, des pamplemousses, des pastèques, des *caramboles*, des pommes-d'acajou, des pommes-canelle, des goyaves et des légumes de mille sortes qui viennent savoureux et abondants dans cette terre privilégiée, véritable terre promise.

Entre le Go-viap et la route de Tong-keou, se trouve le tombeau de l'évêque d'Adran, Pigneau de Behaigne. Ce tombeau a toujours été respecté par les Annamites, même pendant la guerre de 1861. Monseigneur d'Adran fut le principal ministre de l'empereur Gia-long qu'il aida par ses conseils à reconquérir le Tonking à la faveur des troubles qui divisaient les Tay-son, A sa mort, Gia-long lui fit faire de magnifiques funérailles, auxquelles toute la province assista. Cet empereur mourut lui-même en 1820. Tu-duc, qui règne depuis 1848, est son arrière-petit-fils; il est âgé de trente-six ans (1).

De l'autre côté de la route de Tong-keou, s'étend, entre l'arroyo chinois et la route de Saïgon à Cholen, une longue bande de terrains non moins riches et fertiles que ceux du Go-viap. Aux portes même de Saïgon, entre la route stratégique et la route de Cholen, se trouvent d'anciens jardins de mandarins annamites; situés les uns à la suite des autres, ils renfermaient probablement de riches maisons de plaisance dont les ruines se cachent maintenant sous l'herbe. Il ne reste plus que les bosquets, les arbres de produit et d'agrément, qui ornaient ces délicieuses retraites. Il y a certainement peu de villes qui puissent avec peu de travail offrir un plus joli coup d'œil que Saïgon. L'arroyo chinois, si animé, si peuplé, si gracieusement dessiné pour offrir à l'œil d'agréables contours, est une seconde route plus commode qui mène à Cholen ceux qui craignent la poussière et la chaleur. Sur les bords s'échelonnent des maisons dont les pilotis s'avancent au-dessus de l'eau et servent de quai à leurs habitants. De petits canaux, d'étroites baies s'échappent

---

(1) Les Annamites lui donnent trente-neuf ans, parce qu'à son avénement sa mère lui donna une année, le Sénat une seconde et le peuple une troisième.

derrière des massifs de verdure. A gauche, vers le milieu de son parcours, s'ouvre l'arrayo de l'Amphitrite ; à droite, en face, se dessine sur un fond d'aréquiers et de cocotiers une modeste croix qui indique l'église de Cho-quan. Auprès, c'est l'hôpital du même nom qui est consacré aux Annamites. Il se relie par mille sentiers pleins d'ombre et de fraîcheur à la pagode des Mares, célèbre dans la guerre de 1860, aujourd'hui transformée en caserne d'artillerie, tandis qu'un haras a été établi dans les plaines environnantes.

L'arroyo chinois est encore plus utile pour le commerçant, qu'il n'est agréable à parcourir pour le voyageur. Il sert à exporter du vaste entrepôt de Cholen, toutes les marchandises qui y affluent de toutes parts. Un pont situé à l'entrée, près des messageries, empêchait, il y a quelque temps, les jonques de mer, d'aller charger à Cholen même. Ce pont s'est écroulé ; il va être remplacé prochainement par un pont tournant en fer que l'on a construit en France.

Entrons maintenant dans Cholen par l'un des embranchements de ce magnifique canal ; admirons ces larges rues bien bâties, ces quais, ces magasins remplis jusqu'à la porte d'innombrables richesses récoltées par l'actif commerce des Chinois. Cholen est en effet la ville chinoise de Saïgon. Sous l'intelligente direction de l'un des plus habiles inspecteurs, cette cité a pris en peu de temps un essor considérable. On a parfaitement compris que la liberté était le meilleur moyen d'arriver à un rapide développement ; on a détruit certaines entraves restrictives qui s'opposaient encore au commerce ; on a fait de grands efforts pour fixer d'une manière définitive les Chinois dans cette ville de leur choix (1). Un grand nombre d'entre eux sont maintenant propriétaires de terrains et de maisons. Ils comprennent parfaitement la portée des mesures prises en faveur du commerce de Cholen et y aident de tous leurs efforts.

On évalue à trente mille le nombre des Chinois qui habitent cette ville. Ils sont divisés en plusieurs corporations, rattachées toutes à des corporations-mères établies en Chine. Nous reviendrons plus loin, à propos de l'organisation civile du pays, sur cette question des corporations ; il nous suffira de dire,

---

(1) Les Chinois vinrent s'établir à Cholen vers 1778 quand ils furent chassés de l'île Coulao-pho, près de Bien-hoa, par les incursions des Tay-sen.

quant à présent, que nous appelons de tous nos vœux une immigration chinoise plus abondante et une fusion complète des Chinois avec les Annamites.

Avant de quitter Cholen, il nous faut citer la seule curiosité que les passagers des paquebots daignent aller visiter; c'est la pagode chinoise, plus belle que celle de Singapore, plus riche de fines sculptures et de bas-reliefs ingénieux. Elle est entretenue aux frais des corporations avec un grand luxe. C'est à cette pagode qu'aboutit chaque année la grande procession du Dragon. trop connue par les récits de voyage en Chine pour que nous en parlions ici.

LA PLAINE DES TOMBEAUX. — TONG-KEOU. — BA-DINH.

Après ce rapide aperçu de Saïgon et de ses environs, il faut, si le lecteur veut bien nous suivre, et si de longues courses au grand soleil ne l'effrayent pas, qu'il entreprenne avec nous un voyage à travers la Cochinchine. Nous ne lui promettons pas, — on le comprend aisément, — de lui faire tout voir ; mais du moins il apercevra en même temps que nous, ce qu'une certaine expérience nous a permis de connaître pendant de longues et fréquentes courses dans les diverses provinces de la Cochinchine; et s'il est agriculteur, chasseur, ou simple ami des beautés de la nature, nous tâcherons de satisfaire ses goûts, en lui montrant les richesses variées de ce magnifique pays.

Nous irons d'abord au nord vers Tay-ninh, pour redescendre à l'est vers Bienhoa, Baria et le cap Saint-Jacques et nous terminerons notre course par un voyage en bateau dans le Phuoc-Loc, le Tanhoa et la province de Mitho.

Une grande route de 8 mètres de large conduit de Saïgon jusqu'à Tay-ninh, le poste extrême du N. O. à trente lieues de Saïgon.

C'est une route étrange que celle-là ; et le voyageur qui monte à cheval un matin pour arriver le lendemain soir à Tay-ninh, voit se dérouler sous ses yeux pendant le trajet les paysages les plus divers, depuis la nécropole de la plaine des Tombeaux jusqu'aux forêts vierges de la Cochinchine septentrionale. — J'ai nommé la plaine des Tombeaux ; il suffit d'avoir passé un jour à Saïgon pour en avoir entendu parler. Il y a en effet quelque chose de bien saisissant, après avoir admiré la végétation luxuriante des bords de l'arroyo chinois, à se trouver tout d'un coup au milieu d'une innombrable multitude d'anciens tombeaux en pierre ou en terre, vaste cimetière des jours passés, où sont venus échouer les ambitions des mandarins annamites, les joies des riches, les malheurs et la misère des laboureurs, comme en France, à Paris, les grands, les riches et les pauvres viennent confondre leur poussière, au dernier asile, au cimetière commun. Cette nécropole est peut-être la seule de la Cochinchine ; partout ailleurs, les annamites enterrent leurs morts au hasard du moment, dans un champ, dans un bois, au milieu de la plaine ou sur la colline ; ce n'est pas chez eux indifférence, mais amour de la nature et de la liberté ; ils cachent leurs tombes dans des lieux écartés, comme pour y chercher un dernier refuge contre la tyrannie qui les a toujours opprimés.

Le culte des morts est au contraire chez eux presque le seul culte. Le renouvellement de l'année se célèbre pendant quatre jours par la fête des Ancêtres, prétexte ou occasion de festins considérables. Après avoir soigneusement nettoyé les ronces et les herbes qui ont envahi les tombeaux, ils déposent sur le sommet de chacun une feuille de papier argenté ou doré, spécialement fabriqué dans ce but et qu'une pierre empêche d'être emportée par le vent. Ils croient, suivant les rites de la religion bouddhique, que le génie du mal, séduit par la vue du métal précieux, s'élance pour le saisir, tandis que l'âme du mort profite de ce moment pour lui échapper.

La plaine des Tombeaux de Saïgon n'est pas aussi vaste que celle du Caire, mais son aspect est aussi désolé ; elle occupe à la porte de Saïgon une large étendue à droite et à gauche de la route de Tay-ninh.

En la quittant on traverse le canal de ceinture et les lignes de Qui-hoa, qui coûtèrent tant de sacrifices lors de la défaite des Annamites ; puis ce sont des rizières, des prairies naturelles où paissent de grands buffles gris de fer avec leurs cornes immenses. En arrivant au pont de Tam-luong, on découvre, sur la gauche, des constructions dont l'apparence européenne attire immédiatement l'attention. C'est le fort de Tong-kéou ou Tuan-kéou, rebâti par le génie après la prise de Qui-hoa. Ce fort est, dit-on, destiné à protéger Saïgon contre une attaque du nord. Telle a dû être la pensée qui a présidé à sa construction ; mais, depuis cette époque, une étude plus complète de la Cochinchine a permis d'en connaître avec plus de précision

les points faibles, et nous avons entendu plusieurs officiers in-
telligents exprimer des doutes sur l'utilité actuelle de ce fort
au point de vue de la défense. On peut dire toutefois que cet
emplacement très-vaste et très-salubre est une excellente garnison pour les hommes fatigués de services pénibles.

C'est près de Tong-kéou, à Hoc-mon, qu'habite le fameux
fonctionnaire annamite, nommé Cà, qui a donné, depuis notre
occupation, tant de preuves de dévouement et d'activité intelligente, après avoir, pendant la guerre, servi son pays en bon
Annamite. Sous le gouvernement de Hué, il était maire ; il fut,
en 1862, nommé *huyen* (sous-préfet) d'Hoc-mon, et enfin élevé à
la dignité de *phu*, ou préfet, en récompense de ses services (1).
Son fils est venu en France avec l'interprète Petrus, lors du
voyage des ambassadeurs annamites. Me trouvant un jour au
Rach-tra, petit poste au delà de Tong-kéou, et ayant besoin de
renseignements sur certains points de la topographie des environs, je priai l'officier commandant le poste de les faire demander au huyen Cà. Un interprète partit et revint au bout
d'une demi-heure, non pas avec les renseignements, mais avec le
huyen lui-même, qui avait tenu à nous les apporter. Il accepta
avec plaisir l'offre de je ne sais quelle liqueur forte qui lui fut
offerte, et ensuite nous éclaira d'une façon complète sur les
points en question. D'un caractère gai et ouvert, il semblait
saisir d'avance, à notre regard, aux mouvements de nos lèvres,
notre conversation que son fils lui traduisait en même temps.

Il connaît parfaitement le pays et ses ressources ; c'est lui
qui a fait exécuter récemment dans le nord de Ba-dinh un fort
qui couvre celui de Rach-tra et une longue chaussée de six
kilomètres au travers du marais qui s'étend de la rivière de
Saïgon au Vaïco oriental. Lorsqu'il se rend de son Huyen à
Saïgon, pour offrir au gouverneur ses vœux de premier de l'an,
c'est dans une voiture d'un modèle bizarre qu'il a fait fabriquer lui-même et dont les parois sont en bois sculptés. Il conduit lui-même aussi au moyen d'un bâton pointu en bois noir,
incrusté de nacre, ses beaux bœufs de la race des *Zébus trot-
teurs.* Quatre soldats annamites, le fusil sur l'épaule, courent
grand train devant sa voiture ; un nombre égal suit par der-

----

(1) Il vient d'être nommé chevalier de la Légion d'honneur, ainsi que le *doi* Thân
de Gocong.

rière. Cela ne ressemble guère aux pompes qui peuvent entourer en France l'entrée d'un magistrat venant prendre possession de son gouvernement; mais, à coup sûr, il y a là une originalité saisissante pour ceux qui n'ont vu que notre vieille France.

L'exemple de ce fonctionnaire annamite dévoué à nos intérêts, actif, habile, bon administrateur, prouve que les habitants du pays n'ont pas un tempérament hostile au nôtre. Leur caractère est gai, je parle du moins de ceux qui appartiennent aux familles riches du pays et qui ont reçu une certaine éducation. Ils n'ont point la gravité et le fanatisme des Indiens, non plus que l'éloignement des Chinois pour tout ce qui est étranger. En un mot, ils ont pour nous, sur leurs voisins du Nord et de l'Est l'avantage d'être assez facilement assimilables, et c'est là ce qui fait pour l'avenir la force de la colonie française.

Tong-kéou est à douze kilomètres de Saïgon ; c'est à huit kilomètres au-delà que se trouve Rach-tra ou plutôt Taï-toï, petit fort étoilé, bien bâti, et qui pourrait être agréable à habiter si on n'y était pas à mille lieues de tout. Ce fort jouit d'une certaine célébrité, fort triste du reste, parce qu'il fut le premier attaqué lors des troubles de 1862 et que le capitaine Thouroude qui le commandait fut tué en le défendant. Son corps a été enterré sous une pyramide élevée dans un des angles du fort.

Lorsqu'on se rend à Tram-bang ou à Tay-ninh, on quitte généralement Saïgon de bon matin, on va à Tong-kéou prendre une tasse de thé ou de café et on arrive vers neuf heures au Rach-tra pour déjeuner. Peut-être s'étonnera-t-on un peu de cette façon de parler; car, comme on le pense bien, il ne faut pas chercher sur une telle route, ni venta ni posada quelconque; mais en Cochinchine, l'hospitalité est encore celle des patriarches, et on dit volontiers : vous avez faim, mangez! vous avez soif, buvez! vous êtes fatigué, reposez-vous, un, deux, trois jours, autant qu'il vous plaira! Il suffit pour cela d'être ce que les Espagnols appellent un *señor caballero*. Ces mœurs cordiales sont encore en vigueur; petit à petit elles disparaîtront à mesure que la colonie européenne augmentera, que les campagnes se peupleront; mais ce ne sera plus le *bon vieux temps*, et ceux qui ont été les habitants des premiers jours auront un souvenir de regret pour cette époque de fatigue et d'épreuves, mais de mœurs affectueuses et faciles.

C'est entre Tong-kéou et Rach-tra que se trouvent les beaux champs de bétel de Ba-dinh, bien connus des amateurs annamites. On croirait voir de loin des retranchements, des palissades destinées à défendre la route. Ailleurs on cultive avec soin le bétel; mais ici, c'est pour ainsi dire avec amour qu'on le soigne, qu'on satisfait à ses goûts. Comme le bétel se plaît dans les lieux ombragés, on lui fait un abri factice avec des branchages qui ne laissent pénétrer les rayons du soleil qu'à travers un tamis de verdure. Des échalas sont plantés en terre à une certaine distance les uns des autres et soutiennent chacun un pied de bétel dont la tige s'enroule autour pour venir se perdre dans la toiture artificielle; quand les feuilles ont acquis leur entier développement on les cueille pour les porter au marché dont elles forment un article important.

Pour *mâcher le bétel*, on prend une de ces feuilles qui sont ovales, un peu pointues, et grandes à peu près comme la paume de la main; au moyen d'une petite spatule en bois, on y étend une mince couche de chaux vive, blanche pour le vulgaire, rose pour les élégants, et après avoir roulé la feuille, on la met dans la bouche avec le quart d'une noix d'arec, qui sert comme corps résistant à faire durer la mastication plus longtemps. La trituration de ces substances réunies procure une salivation abondante qui est colorée en rouge par l'action de la chaux sur la noix. A ce propos, nous demanderons la permission de rectifier une erreur dans laquelle sont tombés quelques voyageurs qui ont attribué à l'usage du bétel la couleur noire que présentent les dents des Annamites, des Indiens, des Malais. Comme l'a fort bien fait remarquer M. L. Pallu dans son livre si exact sur l'expédition de Cochinchine, cette couleur noire est due à une laque très-solide dont ces peuples ornent leurs dents par une coquetterie bizarre pour nos yeux européens. En Cochinchine, les gens du peuple, dont le palais blasé ne sent même plus l'âpreté du bétel, en relèvent quelquefois la saveur au moyen d'un peu de tabac qu'ils mâchent en même temps. L'habitude du bétel est profondément enracinée chez l'Annamite de tout âge, de toute condition (1). Les vieillards, qui n'ont plus les dents assez solides pour mâcher la noix d'arec, la pilent avec la chaux

---

(1) Il est entré environ en 1865, 250,000 pots de chaux pour bétel en Cochinchine.

dans un petit mortier de cuivre spécialement affecté à cet usage. Quand un ami ou un hôte arrive dans une case, le bétel est la première chose qu'on lui offre ; quand l'hôte est un Européen et que le maître de la maison est un homme bien élevé, d'une certaine naissance, il fait apporter, au lieu de bétel, un petit vase plein de longues et minces cigarettes ; il en prend une, l'allume obligeamment lui-même, et l'offre à l'étranger. Tout fumeur comprendra de suite le résultat de cette prévenance ; mais pour les personnes qui ne fument pas, nous sommes bien forcé d'entrer dans les petits détails, et de dire que la salivation rouge dont nous avons parlé tout à l'heure laisse forcément des traces sur cette cigarette si gracieusement offerte ; il faut songer qu'on ne peut la refuser sans une grave impolitesse. Certainement, dans ce cas, c'est l'étranger qui s'acquitte des devoirs de l'hospitalité.

TRAM-BANG.

Le soleil avance dans sa course ; il est deux heures, et le voyageur restauré par le déjeuner, reposé par la sieste, doit reprendre sa route. Il a maintenant une longue étape de 36 kilomètres à faire avant d'arriver à Tram-bang. A partir du pied même du fort de Taï-toï, s'étend à travers le marais jusqu'au village de Rach-tra une longue chaussée de 6 kilomètres. Ces chaussées, œuvres des Annamites, restaurées par les Français, sont construites bien simplement. On creuse deux fossés dans la vase à une distance de 8 ou 10 mètres, et l'on rejette le déblai sur l'espace libre entre eux. Chaque année on fait quelques réparations, et au bout de peu de temps le sol de cette route, durci par le soleil de la saison sèche, est aussi solide que celui de nos meilleures routes françaises.

Au milieu du marais de Taï-toï vient se perdre le ruisseau appelé le Rach-tra qui, réuni à la rivière d'Hoc-mon, va se jeter dans la rivière de Saïgon, à 8 ou 10 kilomètres au-dessous de Thu-dau-mot.

Au delà du marais la route traverse une immense plaine peu habitée, peu cultivée, mais très-fertile et très-heureusement située pour une exploitation agricole. Quelques marécages la bordent à l'est et la séparent de la rivière de Saïgon. Il serait facile d'y pratiquer un canal pour les assécher. Un autre marais sillonné de canaux invisibles la relie au Vaïco. C'est un des endroits les plus propres à la culture de la canne à sucre, du coton, du café, de l'indigo, que l'on puisse trouver en Cochinchine. Les produits du sol pourraient facilement s'exporter soit par le Vaïco, soit par le Rach-tra et la rivière de Saïgon. Les récoltes sont à l'abri des incursions des éléphants ; le tigre ne trouvant point de fourrés pour retraites y laisserait le bétail prospérer en paix. Certaines parties élevées du plateau conviendraient particulièrement à l'élève des moutons. Il y manque seulement des bras, et nous verrons plus loin que ce n'est pas là une difficulté sérieuse.

Il est peu de plaines aussi riches que celle qui à l'ouest de la route contient les hameaux de Mihan, Duchoa etc. Malheureusement les habitants décimés dans ces derniers temps par la conquête, pillés jusqu'à l'année dernière par les pirates, sont très-pauvres, ont perdu toutes leurs ressources, et ne cultivent plus la terre que pour soutenir leur vie.. Les buffles leur manquent ; pour les travaux du riz, ils sont obligés d'aller emprunter ces animaux indispensables aux habitants des cercles de Tan-an et de Tan-hoa. Ce serait un grand bienfait pour toutes ces contrées que de multiplier cet utile animal et d'en faire ainsi diminuer le prix. Il est rare actuellement qu'un Annamite possède des buffles, du moins dans les régions pauvres. Les buffles d'un territoire appartiennent à tout le village, qui les fait soigner et surveiller aux frais de la communauté. Le jour, les buffles vont travailler ou paître sous la garde de quelques enfants, et la nuit on les réunit dans un parc. Un trait singulier des mœurs du buffle, c'est la douceur qu'il apporte à se laisser diriger par ses jeunes gardiens, tandis qu'il refuserait souvent d'obéir à un homme. On a vu des buffles furieux s'arrêter court et s'apaiser sous la baguette d'un enfant de quatre ou cinq ans.

On voit souvent ces petits garçons rester des journées entières couchés sur les vastes reins d'un de ces animaux. Le buffle va, vient, pâture, traverse les marais, les ruisseaux, descend les rivières à la nage ; le petit conducteur ne bouge pas. Il est arrivé aussi qu'un tigre venant menacer la vie du jeune Annamite, ait été mis en fuite par l'un des membres du troupeau. Les buffles rouges jouissent à cet égard d'une réputation de courage et d'audace méritée. Il y a un des animaux de cette espèce bien célèbre dans les environs de Tan-huyen au nord de Bienhoa. Constitué par la confiance de ses maîtres gardien du troupeau, il faisait une nuit sa ronde autour du parc. Un tigre arrive

— *quærens quem devoret,* — cherchant pâture ; le buffle rouge l'attaque, le met en fuite et le poursuit dans les halliers. Le lendemain matin, il n'avait pas reparu ; les Annamites se mettent à sa recherche, et en suivant les traces arrivent auprès d'un cadavre de tigre. Le buffle n'y était pas ; mais les traces se continuent plus loin ; à force de patience, de recherches, on découvre enfin un second cadavre de tigre, la femelle, traversée de coups de cornes, et à coté d'elle le vaillant défenseur se reposant de son travail de la nuit et gardant les dépouilles de son ennemi. Voilà certes un bon serviteur ; mais ces services exceptionnels ne sont que peu de chose en comparaison des services sérieux et paisibles qu'ils rendent à l'agriculture. Il faut voir ces vigoureux animaux enfoncer jusqu'au ventre dans le terrain détrempé des rivières et tracer péniblement un sillon dans une vase compacte pour sentir tout le prix de leur travail.

Sur la route qui traverse la plaine dont nous venons de parler, on trouve l'étape de Phu-mi, petit poste de miliciens indigènes, chargés du service de la poste. Comme nous retrouverons plus loin ces cases de *Tram,* nous en parlerons alors plus longuement. Nous nous arrêterons seulement ici pour nous rafraîchir et faire souffler nos montures, et puis nous repartirons, afin d'arriver avant la nuit à Tram-bang ; car les jours sont courts sous cette latitude, et l'on ne voyage guère la nuit en Cochinchine. Nous avons d'ailleurs encore, avant d'arriver au fort, à traverser un marais sur une longue chaussée coupée de trois ou quatre ponts de bois.

Après ce marais, la route faisant un détour et revenant sur elle-même, circule capricieusement au milieu de petits taillis et de bosquets de bambous, pour venir déboucher sur un plateau d'un aspect ravissant.

Au milieu, quelques grands arbres ; sous leur ombrage la sous-préfecture annamite ; à gauche, les premières maisons du village ; à droite, la préfecture française et le fort ; au delà, dans le lointain, on aperçoit à travers les feuilles de ces beaux arbres les herbes verdoyantes du marais, les horizons brumeux du Cau-an-ha et les vapeurs qui s'élèvent du Vaïco. C'est parmi les jolis sites de la colonie, un de ceux qu'on peut citer. Trambang est d'ailleurs d'une grande salubrité, malgré le marais qui l'entoure de deux côtés.

Il y reste encore un village assez considérable, peuplé d'habitants riches ou aisés, amis de notre autorité et sachant profiter de la paix qu'elle leur procure ; le sang y est plus pur que dans le sud. Quelques relations avec le Cambodge ont donné à ces Annamites un peu de cette liberté d'allures et de cet esprit de commerce qui distinguent en tous pays les habitants des frontières. Aussi voit-on là quelques fortunes considérables pour des fortunes annamites. Il y a dans les environs un grand nombre de fabriques de sucre. Ce produit n'y est pas d'aussi belle qualité que dans les environs de Bienhoa, mais il atteint cependant encore un prix assez élevé.

Un chrétien annamite de Tram-bang, Fo-bien, auquel le bruit public attribue une fortune de 100,000 piastres, fait le commerce des bœufs. Il va les chercher au Cambodge ou sur les bords du Vaïco, et va les revendre à Saïgon au gouvernement ou aux particuliers deux ou trois fois le prix qu'ils lui ont coûté, sans que leur nourriture lui ait, durant le temps du voyage, occasionné aucuns frais.

Une petite rivière relie Tram-bang au Vaïco et sert à la fois pour le ravitaillement du fort et pour l'exportation des produits qui viennent de bien loin se réunir à Tram-bang comme à un entrepôt général. Sur les bords de cette petite rivière, à 5 kilomètres du fort, se trouve l'une des chrétientés de la Cochinchine. Elle porte le nom de Tha-la ; elle était dirigée, il y a peu de temps, par un missionnaire jeune et intelligent, le P. Hébrard, qui avait su à bien peu de frais y bâtir une charmante église ; nous nous rappelons avoir assisté à la consécration de cette église avec les officiers du fort de Tram-bang et un détachement de soldats ; une réunion de deux cents Annamites se pressait pour entendre l'évêque de la mission, Mgr Lefebvre, et nous pouvons assurer aux personnes qui douteraient de la possibilité d'apprendre la langue annamite, que l'évêque la parlait fort couramment et de façon à impressionner vivement son auditoire.

Le village de Tha-la est d'ailleurs riche, entouré de jardins bien cultivés et séparés par ces magnifiques haies de bambous, ce roi des arbustes d'agrément, qui forme en même temps une barrière impénétrable aux rôdeurs de jour et de nuit. Une solide porte en bois défendait autrefois l'accès du village, quand les Français n'étaient pas les maîtres de la Cochinchine. Elle tombe maintenant en ruines, et c'est une preuve de la sécurité du pays. — Il ne reste plus, en fait d'ennemis, que des tigres ; ils sont malheureusement assez nombreux ; dans le petit bois qui sépare Tha-la de Tram-bang, autour d'une petite mare d'eau fraîche et limpide, on peut chaque matin trouver des empreintes nouvelles, énormes traces qui révèlent les courses matinales du terrible carnassier.

Hâtons-nous de dire que malgré la quantité de tigres qui ravagent la Cochinchine, il suffirait de quelques battues régulières pour les rejeter dans les grands bois.

A mesure que la population de Tram-bang s'accroîtra, ils s'éloigneront de plus en plus de ce riche territoire. Aux terrains vagues et incultes succéderont les champs de riz, de maïs, de canne; les Chinois viendront rassembler les produits du sol, par ce petit commerce de détail auquel ils sont merveilleusement propres : ils s'y fixeront peu à peu d'une manière définitive, se mêleront à la race annamite et donneront naissance à cette classe intelligente et capable de métis appelés *Minh-huongs*.

Mais il faut nous arracher à l'étude de cet intéressant sujet, il faut nous rappeler que nous n'avons encore visité qu'une faible partie de la Cochinchine, et que, sur la route même que nous parcourons, nous ne sommes encore qu'à moitié chemin.

TAY-NINH.

Il y a un peu moins loin de Tram-bang à Tay-ninh que de Saïgon à Tram-bang. Il ne nous reste que 5o kilomètres à faire pour y arriver.

Si l'on est déjà fatigué par une première journée de marche, on oublie vite la fatigue passée et la fatigue présente, quand on se trouve en présence de ces magnifiques paysages, de ces arbres séculaires, entourés de rejetons déjà plus grands que nos plus beaux arbres d'Europe, et enlacés dans mille sens d'un inextricable réseau de lianes, de ronces, de rotins, sur la lisière de ces prairies toujours vertes qui recèlent dans leurs retraites inexplorées une multitude d'animaux inconnus, de toutes les familles de la création.

A toute heure de la journée, mais surtout le matin et le soir, on éprouve à la vue de ce spectacle d'une nature vierge et luxuriante, prodigue de ses forces et de ses richesses, je ne sais quelle émotion attachante, pleine d'un trouble secret pour celui qui s'y livre pour la première fois, mais qui se transforme peu à peu en un charme délicieux, puis en un bonheur austère et un désir inexprimable de vivre pour toujours au milieu de pareilles beautés. Ici, sous un dôme impénétrable de verdure, aux rayons du soleil levant, s'éveillent les mille bruits du matin, les chants d'oiseaux inconnus. La lumière se joue gaiement sur les gouttelettes de rosée. Les fleurs s'ouvrent pour respirer la fraîcheur. Là, le regard étonné cherche en vain les bornes des prairies qu'il voit fuir au milieu des brumes que soulève la température plus chaude. Un vent léger fait onduler la cime des herbes, et c'est alors le seul bruit qui effleure l'oreille; ou bien, entre deux masses de verdure qui servent d'encadrement à ce magnifique tableau, quelque capricieux ruisseau serpente sans bruit, à demi enseveli sous un berceau de fougères, de clématites, de lianes folles. Enfin, plus tard, quand le soleil près de s'éteindre vers l'occident, vers la patrie absente, ne signale plus sa présence que par quelques rayons égarés au milieu des ombres naissantes, alors on entend les oiseaux gazouiller leurs dernières chansons, pendant que du sein de la forêt s'élèvent des rumeurs bizarres, des notes plaintives, de sourds grondements, réveil d'une autre vie pleine de mystère et de terreur.

Quelquefois à un détour de la route, au pied de quelque géant des forêts, on aperçoit des restes de feu allumés par un voyageur fatigué. Où a-t-il été? nul ne le sait. Lorsqu'on suit ces routes, on regarde devant soi, jamais derrière. Une seule chose rappelle ici à tout instant la main de l'homme, et prouve que l'on n'est pas perdu dans une immense solitude. Le fil de fer du télégraphe court d'arbre en arbre, reliant le fort à la capitale, au milieu des plaines et des forêts. En songeant qu'au moment où on le regarde, une pensée humaine voyage peut-être à travers ce fil, on se prend à le considérer presque comme un ami, au milieu de cette nature où tout est étranger à l'homme.

Trois étapes sont disposées entre Tram-bang et Tay-ninh : ce sont Sui-cao, Trung-mit et Cau-coi. Ce sont à la fois des postes militaires, des maisons de tram et des caravansérails. Ces trois endroits, placés à proximité de cours d'eau, sont habités par des matas ou soldats indigènes, qui sont chargés du service de la poste, ou *tram*. (Ce mot s'applique indifféremment dans l'usage à l'homme, à la maison et au service.) Ce sont de véritables relais de courriers à pied. Ils sont échelonnés à 12 kilomètres environ les uns des autres. Dès qu'un courrier arrive, il remet le paquet de lettres enveloppé d'une feuille séchée au chef du tram. Celui-ci le contre-signe et le remet à un autre courrier qui, le sabre attaché sur le dos et une baguette à la main, repart immédiatement. Ce service est très-bien fait et très-régulier. Il n'y a pas d'exemple qu'une lettre se soit perdue. Les Européens, et surtout les fonctionnaires ou officiers qui voyagent, sont toujours assurés de trouver dans ces cases de l'eau et du thé pour eux, de l'herbe pour leurs chevaux, un abri sûr pour tous. Les Annamites qui se rendent d'un point à un autre y trouvent également le repos et, moyennant quelques sapèques, les vivres qui leur manquent. Dans ce cas les trams remplissent pour eux l'office des maisons communes des villages. Dans chaque village il y a, en effet, une maison ou plutôt un grand hangar où se trouve un feu toujours allumé, et où les passants peuvent à leur gré se reposer le jour, ou dormir la nuit. C'est l'hospitalité publique.

Le tram de Sui-cao est au bord d'un immense plateau où abondent les cerfs et les chevreuils. Ceux de Trung-mit et de Cau-coi sont au milieu de forêts hantées par les tigres, les léopards, les panthères, les buffles et les bœufs sauvages, les rhinocéros et les éléphants. On voit que ce sont là de riches terrains de chasse pour les disciples de saint Hubert.

Un chasseur européen qui aurait une fois goûté le plaisir de chasser dans de telles régions, sans souci des gardes et des lois sur la chasse, ne s'effrayerait certes pas de passer une ou deux semaines dans ces trams, malgré les difficultés de vivres. C'est qu'il y a un bonheur plein d'émotions à marcher l'œil et l'oreille sans cesse au guet, le doigt sur la détente du fusil, prêt à envoyer une balle dans le corps d'un cerf ou d'un bœuf, comme une charge de plomb dans l'aile d'un paon ou d'un faisan. Il est vrai de dire que la fatigue est à la hauteur du plaisir et que ce n'est pas toujours sans peine qu'on parvient à se tirer de pareils fourrés, de tels marécages. Il faut, en outre, une certaine habitude pour regarder du même œil toute espèce de gibier, et ne pas manquer une panthère qui bondit à trois pas quand on croit voir déboucher une biche.

Jetons un regard en passant au camp cambodgien, situé entre Sui-cao et Trung-mit. On nomme ainsi un vaste espace circulaire d'un diamètre d'environ 600 mètres, entouré d'un énorme talus de terre, et dont l'intérieur est maintenant couvert d'herbes. Dans un des bouts une éminence, ombragée par un magnifique banian, servait probablement de soubassement à la demeure du chef du camp, à l'époque où les Cambodgiens avaient réuni là quelques forces avancées pour défendre contre les Annamites le territoire environnant.

Après nous être reposés une dernière fois à Cau-coi, nous nous dirigeons maintenant directement vers le but de notre journée.

Tay-ninh et ses abords ne démentent pas les belles promesses de la route qui y conduit. Nous dirions encore que c'est un des beaux sites de la Cochinchine, si nous ne l'avions déjà dit pour Tram-bang, et si nous n'étions en droit de le dire pour bien d'autres endroits. Tout est beau en Cochinchine dès qu'on sort des rizières marécageuses.

En arrivant à Tay-ninh, la route de Saïgon traverse une palissade de bambous longue de 5 kilomètres, établie autour du village pour arrêter les incursions dévastatrices du tigre; puis descendant rapidement, elle arrive à un beau pont de bois d'une seule arche jeté sur l'arroyo de Tay-ninh, et va ensuite se perdre dans les forêts en attendant le moment où il sera possible de la continuer vers Hu-dong, la capitale du Cambodge.

Le village annamite s'étend en aval du pont de chaque côté de la rivière, au milieu de charmants massifs d'arbres qui laissent pendre au-dessus de l'eau leurs guirlandes de feuillage toujours vert.

En amont, sur la rive droite, se trouve un campement cambodgien habité par des réfugiés auxquels on a donné asile. Les cases cambodgiennes se distinguent au premier coup d'œil des cases annamites par leur ingénieuse construction. Elles sont élevées sur des pieux en bambous qui les maintiennent à 6 ou 8 pieds de terre. Une échelle y donne accès. L'habitation est par cette précaution saine et à l'abri des animaux nuisibles. S'il y a trop de moustiques le soir, on allume du feu sous la maison, et la fumée chasse ces hôtes incommodes.

Il y aurait de grands avantages à attirer dans cette portion du territoire un plus grand nombre de Cambodgiens. C'est une race toute différente de la race annamite, plus vigoureuse, plus primitive, moins portée vers le vol, mais en revanche plus paresseuse. On triompherait facilement de cette paresse, en usant de patience et en offrant à ces robustes travailleurs l'appât d'une existence plus heureuse. On trouverait là un moyen facile et peu coûteux de colonisation et d'exploitation pour cette riche étendue d'un terrain entièrement vierge où l'on peut dire avec vérité que l'homme n'a qu'à semer pour récolter.

Il y a une sorte de culture de riz, fort pratiquée dans cette région par les Annamites et les Cambodgiens, et qui leur donne bien peu de peine. Ils choisissent un emplacement où le terrain soit un peu sec, coupent les arbres et les herbes et mettent le feu afin de détruire toute végétation ; puis ils sèment le riz à la volée, en mai ou juin, sans aucune autre préparation, et récoltent en octobre ou novembre ; les produits sont très-beaux. Ils pratiquent la même méthode pendant trois années de suite au même endroit qu'ils abandonnent après pour se transporter ailleurs. En effet, et c'est là une chose très-singulière, les Annamites et les Cambodgiens des frontières, quoique essentiellement agriculteurs, tiennent très-peu à leurs foyers, ils quittent souvent un canton sans raison aucune, s'établissent dans un autre, vont, viennent ; il est vrai qu'il leur faut une journée pour se bâtir une maison.

Le fort de Tay-ninh, situé dans l'intérieur de la palissade, a été construit autrefois par les Cambodgiens. Il est parfaitement conservé. Rien de plus gracieux que les portes qui y donnent accès. Taillées dans des murs épais et surmontées d'un kiosque en pierre, elles sont ombragées et comme couvertes par de magnifiques touffes de bambous.

On logerait facilement dans ce fort un régiment entier. Une compagnie seule y tient garnison, le commandant militaire du cercle réside tantôt à Tram-bang, tantôt à Tay-ninh qui, par sa position à l'extrême nord, a une certaine importance militaire. Tay-ninh est en outre l'entrepôt où se déversent les produits des territoires cambodgiens du nord et du nord-ouest. Ils sont de là transportés par eau à Cho-len et Mi-tho. Il y aurait peu de chose à faire pour créer là un véritable centre commercial.

Au nord, à l'est et à l'ouest s'étendent de magnifiques forêts composées d'essences précieuses pour la construction, le charronnage et l'ébénisterie. Le cay-cam et le cay-dau produisent l'un une gomme et l'autre une résine qui, mêlées, forment un mastic très-employé dans le pays pour les barques, les maisons, etc. Le cay-gô fournit des colonnes de maison d'une durée excessive. Il y a encore le cay-cam-xé, le cay-trac, le cay-sao, le cay-cap, le cay-moou, le cay-long-muc. Presque tous ces arbres appartiennent à la famille des diptérocarpées. L'un des plus usités est le cay-dau dont le bois résineux et d'une assez grande dureté, est d'un prix de revient assez faible, parce que cet arbre pousse toujours en famille, remplissant presque complétement des cantons entiers, tandis que les autres arbres vivent isolément dans les forêts. Il y a déjà quelques Européens qui exploitent cette source de richesses, mais ils n'ont jusqu'à présent exploré que les parties les plus voisines des rivières, c'est-à-dire une bien faible portion. Toutefois, en 1864, le revenu tiré par le gouvernement de l'impôt sur les bois exportés du cercle de Tay-ninh a dépassé déjà 12,000 piastres, c'est-à-dire environ 70,000 fr.

En remontant vers le nord, à quatre journées de marche de Tayninh, se trouve une petite chrétienté, Ralim ou Brelam, en pleine région sauvage, chez les Stiengs. Elle fut longtemps dirigée par un homme fort instruit et de beaucoup de mérite, le P. Arnould, mort depuis du choléra à Shang-haï et qui a fourni de précieux renseignements géographiques sur ce pays. Cette contrée est jusqu'à présent peu connue. Les seuls renseignements qu'on possède proviennent, outre ceux donnés par le P. Arnould, des récits de cinq ou six voyageurs qui, à des époques diverses, ont fait le voyage de Ralim, soit par Tayninh, soit par Hu-dong. Les limites de la Cochinchine dans cette direction sont purement nominales; elle pourrait s'y étendre indéfiniment.

TI-THIN.

Pour redescendre au sud, nous passerons par Cay-cong, village annamite d'une assez grande importance situé sous la même latitude que Tayninh, sur le cours supérieur du bras occidental de la rivière de Saïgon. C'est là que s'entreposent les bois que l'on exploite dans les forêts environnantes avant de les diriger sur Saïgon par Thu-dau-mot.

En obliquant un peu à l'est à partir de Cay-cong, nous rencontrons Ti-thin sur l'autre bras de la rivière. C'est un ancien fort annamite occupé par une soixantaine de partisans, sous l'autorité du doi Dùoc. Il protége de ce côté de la rivière nos possessions du nord.

Le doi Dùoc est un des plus vigoureux Annamites que nous ayons vus, et certes il y a peu d'hommes qui pourraient se mesurer avec lui; on en cite des traits de force et de bravoure incroyables. Il chasse parfois seul l'éléphant et, comme le Phu Cà, il a lutté corps à corps avec des tigres. Il se passe peu de mois qu'il n'envoie des tigres morts ou blessés à son chef direct, l'inspecteur des affaires indigènes de Thu-dau-mot.

Ces marques de bravoures sont d'autant plus remarquables, que les Annamites ont généralement pour le tigre une terreur, je dirais presque une vénération superstitieuse. Ils ne le nomment jamais que hong-cop — *monsieur le tigre*, — tandis que les Français, par dérision, en leur parlant, disent kon-cop, *le tigre*. Ce n'est jamais que tout bas qu'ils se racontent les déprédations du terrible animal, dans la crainte de s'attirer sa colère s'il les entendait. Lorsque le *eop* paraît dans un canton, les Annamites placent des images de tigres sur les portes de leurs cases comme pour se mettre sous sa protection. On cite l'exemple d'Annamites du Tan-long qui, ayant reçu l'ordre de l'inspecteur de construire des piéges pour prendre un tigre, affichèrent dans les endroits déserts, dans les bosquets entourant les pagodes, des écrits suppliant le tigre de les épargner et le priant de considérer que c'était malgré eux qu'ils construisaient ces piéges.

Avec les tigres, on peut chasser près de Ti-thin le kon-nai, le kon-mang et autres espèces de cerf, les paons, les faisans et tous les autres gibiers ordinaires de la Cochinchine.

De Ti-thin, une route de 6o ou 7o kilomètres nous mène par Ben-cac à Thu-dau-mot, au milieu de plaines et de forêts non moins belles que celles de la rive droite de la rivière.

THU-DAU-MOT.

Thu-dau-mot est comme Tay-ninh, le siége d'une division administrative. Une ancienne pagode qui sert de demeure à l'inspecteur s'élève près du bord de la rivière sur une petite éminence. Trois magnifiques arbres de l'espèce *dau* l'ombragent de leur feuillage, tandis qu'au sommet d'un mât, le pavillon français la couvre de sa protection. Quelques bateaux de course ou de plaisance sont amarrés à l'extrémité d'une verte pelouse qui vient en descendant se perdre dans l'eau. Sur la gauche, d'énormes banians tordent dans tous les sens leurs branches et leurs racines qui s'entrelacent et se confondent en mille formes fantastiques. En arrière sont rangées les cases servant de caserne à la garnison. Enfin à droite, en bas de la colline, s'étendent les maisons d'un riche village. C'est à partir de ce point que la rivière de Saïgon, perdant le caractère monotone des rives basses et marécageuses, commence à offrir des bords plus élevés, plus riches en végétation, plus tourmentés de contour.

La fertilité du territoire de ce cercle est proverbiale en Cochinchine. Tout autour du village sont répandus une foule de jardins, souvenir de la richesse des mandarins. C'est de là que descendent tous les matins à Saïgon les nombreuses barques qui approvisionnent en partie la capitale d'oranges, de mangues, de mangoustans et surtout d'ananas. Le ver à soie y est élevé sur une assez grande échelle. Presque tous les Annamites du plateau cultivent chacun un petit champ de coton nain dont le produit vendu au marché de Thu-dau-mot leur permet d'acheter la cotonnade nécessaire pour les vêtir. La culture de cet arbrisseau, telle qu'ils la pratiquent, n'est pas à coup sûr très-rationnelle et ne donne qu'un maigre rendement ; mais elle est bien appropriée au caractère un peu paresseux des Annamites. Ce sont les enfants ou les femmes qui chaque jour à l'époque de la fructification vont dans le petit champ récolter les gousses arrivées à maturité. Non égrené, le coton vaut environ 7 piastres et demie le picul (60 kilos), et 24 piastres le picul égrené. L'égrenage se fait au moyen d'un instrument composé de deux petits cylindres de bois pris dans deux montants et roulant l'un sur l'autre au moyen d'un engrenage hélicoïdal. Une femme assise par terre tient l'instrument avec ses pieds et tourne d'une main une manivelle adaptée à l'un des cylindres, tandis que l'autre main présente les gousses.

Les instruments en bois de ce genre, occupant les quatre membres du corps, sont très-fréquents en Cochinchine. Il y en a un très-simple destiné à fabriquer le tabac à fumer. Il est formé de deux morceaux de bois assemblés à angle droit ; l'un se tient vertical et l'autre horizontal. Ce dernier est muni d'une large fente où l'Annamite accroupi passe le pied gauche pour le tenir solidement. L'autre morceau de bois est percé d'un trou où la main gauche fait glisser le tabac roulé en carotte au fur et à mesure que coupe un couteau à deux manches, tenu d'un côté par le pied droit comme par une charnière et d'un autre côté par la main droite qui l'élève et l'abaisse. Les Annamites habiles font avec cet instrument du tabac à fumer d'une extrême ténuité.

Dans le district de Thu-dau-mot et celui de Long-than qui produisent les qualités les plus estimées, on cultive le tabac avec grand soin. Labourage, sarclage, arrosage, rien ne laisse à désirer. La plante rapporte beaucoup parce que l'exubérance de végétation naturelle au sol permet de laisser toutes les feuilles se développer librement. Le tabac annamite est généralement parfumé : mais il n'est pas fort ; cela tient à ce qu'on ne le fait pas fermenter. Au Cambodge où on lui fait subir quelques préparations accessoires, il est beaucoup plus fort. — Dans le cercle de Thu-dau-mot, c'est à Bung, grand village en partie peuplé de chrétiens, que se cultive le meilleur tabac ; on en vend des quantités considérables.

Mais ce n'est pas seulement le tabac qui approvisionne le marché de Thu-dan-mot ; c'est encore le bétel, l'arec, le thé, le poisson, les fruits, le riz à l'époque de la récolte.

L'emplacement destiné au marché était, il y a trois ans, un lieu boueux, étroit, plein de débris et d'immondices. Sous l'active impulsion de l'inspecteur, un Tonkinois, Thi, a pris à l'entreprise la construction de vastes hangars, entourés de fossés revêtus en pierre et de quais en planches, pour le débit du poisson. Ce Tonkinois a reçu comme payement le droit de partager avec la commune pendant un certain nombre d'années le revenu du marché, c'est-à-dire le droit mis sur la place occupée à l'ombre ou au soleil par chaque vendeur. Ce revenu peut s'évaluer sur la base de 12 sapèques par personne (1), à 1000 piastres par an, c'est-à-dire près de 300 000 vendeurs par an. On peut juger par là de l'importance de Thu-dau-mot et de la fertilité des environs. Un grand nombre de champs d'arachides s'ajoutent aux ressources de ce territoire ; il convient aussi de mentionner d'une façon particulière les chantiers de construction de barques qui se trouvent à Thu-dau-mot et dans les villages voisins.

BIEN-HOA.

Une grande route de 23 kilomètres et une ligne télégraphique relient vers l'est Thu-dau-mot à Bien-hoa. Cette route traverse à 3 kilomètres de ce dernier point la rivière de ce nom.

---

(1) A l'ombre on paye 15 *sapèques* et 10 au soleil (600 *sapèques* enfilées dans une cordelette valent 1 franc et forment la *ligature*).

3

Un passeur est chargé aux frais de la commune voisine de transporter les voyageurs d'un bord à l'autre moyennant un léger droit de 10 ou 15 sapèques. Avant d'arriver à Bien-hoa, la route longe une grande pagode appelée la pagode royale qui a servi autrefois de demeure au vice-roi de sa province. Elle est ombragée par des rideaux de pins d'une belle venue. Ce fait offre en lui-même une certaine importance, puisqu'il démontre la possibilité de faire croître sous cette latitude cette précieuse essence de bois. On a trouvé depuis quelque temps des forêts de pins et de sapins dans le Haut-Cambodge et on en a commencé l'exploitation.

Il y avait autrefois à Bien-hoa un village considérable ; mais les guerres successives dont cette contrée a subi les dévastations pendant la domination des Annamites et pendant la lutte de ceux-ci contre les Français, ont réduit ce village à bien peu de chose. Il faut maintenant travailler à y rassembler de nouveaux éléments de population. La seule chose qui soit restée debout, c'est la citadelle. Quatre compagnies d'infanterie, un demi-escadron de cavalerie et une section d'artillerie y tiennent garnison habituellement ; mais en cas de besoin on pourrait y réunir des forces bien plus considérables. Un commandant d'infanterie de marine dont l'autorité s'étend sur les forts de Thu-dau-mot, Tanh-huyen, Phuoc-than et Long-than, réside à Bien-hoa. Un inspecteur des affaires indigènes y représente l'autorité civile.

Ce cercle est fort important par sa position frontière, son agriculture largement développée et ses produits de toute sorte. De grands troupeaux de buffles fournissent aux habitants les moyens de cultiver leurs terres. Les parties basses sont plantées en riz, et cette céréale, sans atteindre la qualité et l'abondance qui font la renommée de la province de Mitho, y donne néanmoins un rendement très-avantageux. La canne à sucre est un des produits spéciaux des parties élevées de ce territoire. On en cultive quatre espèces, la blanche, la rouge, la verte et la rouge et blanche ; mais la variété blanche est celle qui donne entre les mains des annamites les meilleurs résultats. Le sucre obtenu est assez blanc. On en extrait, il est vrai, une plus grande quantité de la canne rouge, mais à cause de l'imperfection des procédés il est presque noir.

On plante la canne vers le mois de janvier, après un seul labour dans de bonnes terres et au bout de douze mois on fait une première récolte. Les deux années suivantes, sans nouvelle culture, on récolte encore les tiges de canne. Au bout de ce temps on change l'assolement. La canne, une fois coupée, est portée sous des meules grossières qui la broient. Le jus s'écoule dans des trous en terre d'où on l'extrait pour le faire réduire jusqu'à ce que le sucre se dépose par le refroidissement. — Les buffles sont très-friands des tourteaux de canne. Cette plante se vend en outre toute fraîche sur le marché à un prix excessivement modique aux enfants et aux annamites pauvres.

Au nord de Bien-hoa se trouvent d'importants villages, tels que Ben-ca, Tanh-huyen, où viennent se vendre les produits de la frontière. Une foule d'importants articles de commerce pourraient être tirés de ces marchés si le transport en était moins coûteux. En effet on peut assez facilement les amener à Bien-hoa ; mais de là pour aller à Saïgon, il faut que les barques descendent la rivière pour aller prendre le bras de Saïgon et le remonter jusqu'à l'arroyo chinois, trajet long et pénible. Les mêmes difficultés se présentent pour le retour. — Une mesure de la plus haute utilité et qui ferait descendre au marché de Saïgon les importants produits du Nord et des provinces annamites limitrophes, consisterait à rendre navigable le Rach-Tieck, arroyo qui débouche d'un côté au-dessous de Bien-hoa, et de l'autre à cinq ou six milles au-dessus de Saïgon. — Dans l'état actuel de cet arroyo, il n'y a que les simples barques qui puissent y passer à la basse eau. Un arroyo direct, entre Bien-hoa et Saïgon, navigable pour les gros bateaux annamites, donnerait à Bien-hoa une importance considérable, et contribuerait puissamment au développement de l'agriculture dans ce cercle. Tel a dû être autrefois l'état de cet arroyo, à en juger par la présence des riches villages qui existent encore sur son parcours. L'action du reflux, très-puissant dans la rivière de Bien-hoa, a dû le combler petit à petit par le défaut de soins et l'amener à l'état où nous le voyons aujourd'hui. Une route terrestre de vingt-sept kilomètres joint Bien-hoa à Saïgon, en traversant la rivière de Bien-hoa en face même du village et celle de Saïgon à un endroit appelé le point A, dénomination tirée des premiers travaux topographiques qui furent exécutés. Le nom annamite de cet endroit est Don-chai. Il y a neuf kilomètres de Don-chai à Saïgon.

Non loin de Don-chai, du côté de Bien-hoa et sur la gauche, se trouve le village de Tu-duc, fort connu pour sa résistance à l'époque de la conquête et qui fut ensuite longtemps le refuge de tous les pirates des environs. Aujourd'hui la tranquillité est complète.

Plus loin sur la route. près de la rivière de Bien-hoa, on rencontre la colline de Mi-hao, qui signale ainsi l'approche de terrains d'une nature différente. En effet, dans les environs de Bien-hoa, on exploite des carrières assez considérables de pierre argileuse contenant de l'oxyde de fer, connue sous le nom de *pierre de Bien-hoa*, et qui est employée pour les constructions dans toute la Cochinchine. Dans la carrière, cette pierre est fort tendre et se coupe aisément en blocs réguliers ; elle durcit ensuite à l'air assez rapidement, toutefois elle ne supporte pas bien une longue exposition à l'humidité. Ces carrières appartiennent au gouvernement qui fait procéder chaque année à une adjudication pour l'extraction des quantités nécessaires à la colonie. Elles sont situées près de la Pagode Royale et presque au bord de la rivière ; on transporte ainsi les pierres par eau à Saïgon sans beaucoup de frais.

PHUOC-THAN. — LONG-THAN. — BARIA. — CHOBEN.
CAP SAINT-JACQUES.

Après nous être reposés quelques jours en visitant les environs de Bien-hoa, il faut, voyageurs attardés, nous hâter de remonter à cheval pour parcourir de nouveau les plaines et les forêts. Nous avons encore une longue route à faire de Bien-hoa au cap Saint-Jacques.

A 3 kilomètres du fort, nous retrouvons déjà les grands bois, mais ce n'est qu'à Phuoc-than que les véritables forêts couvrent de nouveau la terre de leurs solitudes inexplorées. A peine un chemin ou deux s'enfoncent au hasard dans leurs profondeurs ; ils ne servent qu'à quelques rares bûcherons En revanche ces forêts sont le repaire de tous les animaux, quadrupèdes, oiseaux ou autres de la création, éléphants, rhinocéros, tigres, léopards, bœufs sauvages, boas, cerfs, chevreuils, faisans, paons, coqs et pigeons sauvages, etc. C'est là, comme du côté de **Tay-ninh**, une véritable arche de Noé, sans un homme pour y dicter des lois.

Le petit fort de Phuoc-than, à 15 kilomètres de Bien-hoa, est fort bien situé pour défendre la route, sur laquelle il se

trouve placé à cheval. au fond d'une anse formée par un arroyo De bien rares voyageurs traversent la route, et quand,.
jetant un regard autour de soi, on n'aperçoit que les vingt-
cinq ou trente hommes de la garnison et la forêt qui resserre
de toute part sa sombre ceinture, on peut se croire transporté
dans les déserts les plus sauvages du monde et campé seulement pour quelques jours. Le tigre vient malheureusement
quelquefois, comme nous l'avons vu de nos yeux, défoncer les
portes du poulailler ou de l'étable à cochons et diminuer les
ressources de vivres frais. Nous avons joui, dans la forêt avoi-
sinante, du spectacle rare et intéressant d'une biche traquée
par un léopard ; le fauve trottait grand train, le nez au vent,
sur la trace de son gibier, dont il paraissait suivre très-bien les
défauts.

En pressant un peu le pas de nos montures, nous arrivons
facilement à Long-than pour déjeuner, soit chez le commandant
du fort, soit chez l'inspecteur des affaires indigènes ; nous
sommes assurés de ne pas aller frapper en vain à leur porte.

Relativement, le cercle de Long-than est un des moins curieux, non pas que la fertilité manque au sol. mais il est si peu
peuplé que sa production est bien limitée.

C'est de Long-than que part la route qui mène au fort extrême
de l'est, Bao-chan ou Gia-loan, construit à la suite de l'expédition de 1865. Lorsqu'on est à Gia-loan, à 60 kilomètres du
fort de Long-than, déjà isolé lui-même, on ne voit plus seulement l'apparence de la vie sauvage, on l'y trouve réellement ;
mais ce point a une certaine importance parce qu'il défend l'entrée de l'immense plaine qui s'étend à l'est de la ligne des forts
de Bien-hoa, Phuoc-than, Long-than et Baria.

Doublons maintenant l'étape de Long-than et dirigeons-nous
pour la couchée sur Cau-ti-waï. A mesure que nous en appro-
cherons, nous retrouverons avec plaisir les aspects particuliers
des environs de Tay-ninh et surtout les bois de *dau*, d'une
physionomie si caractérisée C'est encore là un territoire très-
fréquenté par les éléphants. En outre le porc-épic habite les.
parties sèches de ces forêts et le pangolin les parties humides.
Nous ne nous appesantirons pas davantage sur la description de
toute cette contrée, ce que nous avons déjà dit de Tram-bang et
Tay-ninh s'y appliquant également bien. Le lendemain une
dernière course nous mène à Baria, ayant ainsi fait 94 kilomètres en vingt-huit heures.

Le cercle de Baria serait certainement celui qui, par l'excellence et la salubrité de son terrain, offrirait les meilleures conditions d'exploitaton, s'il n'était pas presque entièrement dépourvu, du moins quant à présent, de moyens de communications. Aucun arroyo intérieur, peu de bons chemins. L'arroyo même qui, par l'intermédiaire du Rach-lap, réunit Baria à la rivière de Saïgon, est impraticable à marée basse.

Autrefois, il y a eu là des routes bien entretenues qui assuraient la communication de Hué avec Saïgon et Mitho. A chaque pas on trouve les traces d'anciens défrichements. Il faudra maintenant de grands et persévérants efforts pour mettre de nouveau au jour les richesses enfouies dans ce fertile terrain.

Un certain nombre de pics de montagnes dont quelques-uns atteignent jusqu'à 7 et 800 mètres d'élévation s'élèvent à l'est et au nord-est de Baria. Ils forment les derniers contre-forts du système orographique de la presqu'île indo-chinoise; les mouvements de terrains auxquels ces montagnes donnent naissance permettraient aisément de tenter les cultures les plus diverses, et de choisir les meilleures conditions pour celles qui y existent déjà.

Divers postes détachés vers l'est couvrent le fort de Baria contre une incursion des Annamites du Binh-tuan : ce sont Bao-than, Xuyen-mot, Long-nunh, etc. Quant à la citadelle même de Baria, elle est assez importante par son développement plutôt que par sa force réelle.

Un des principaux produits de ce cercle, c'est sans contredit le sel qui se fabrique vers Cho-ben, au sud de Baria. Une grande surface de terrain serait propre à cette fabrication. 350 hectares environ y sont seulement consacrés quant à présent. Ils fournissent près de 15 millions de kilogrammes de sel par année, représentant une valeur d'environ 300,000 francs. Le gouvernement percevant sur le sel un impôt d'un dixième, on voit que 30,000 fr. viennent de ce chef seul se verser dans le trésor. Il n'y a nul doute qu'avec des moyens d'exploitation plus parfaits et plus rapides, permettant de profiter plus complétement de la saison sèche, on augmenterait assez fortement la production des salines, et si l'on songe à la petite quantité de terrains employés, on voit qu'il y a dans ce cercle une source bien considérable de revenus. Ces salines fournissent le sel à la consommation de la Cochinchine, et surtout du Cambodge pour la salaison des poissons du Grand-Lac. L'île de Java commence à en venir chercher aussi dans notre colonie ; l'exportation peut s'en faire à meilleur marché que dans les pays voisins de productions à cause des conditions particulières de fret qu'offre à cet égard la Cochinchine. En 1865, Java a compté pour l'exportation pour 100,000 mesures annamites (1) de 15 kilogr.

En poursuivant la route de Baria à Cho-ben, on arrive à l'important village de Phuoc-thyn, habité en grande partie par des pêcheurs qui vont en pleine mer chercher l'approvisionnement de poisson de toute cette région. Ce village se trouve au fond d'une petite baie, le Cua-lap que des bancs de sable protégent contre le gros temps du large pendant la mousson de S.-O. Outre Phuoc-thyn, il y a encore sur la côte les villages de Phuoc-haï, de Loc-an, qui n'attendent, peut-être, qu'un peu de sécurité à l'égard des pirates chinois, pour devenir des petits ports de cabotage assez importants.

Pour terminer la série des observations générales relatives au cercle de Baria, il nous reste à dire que des navires d'un assez fort tonnage peuvent, en doublant la pointe Saint-Jacques et suivant le Rach-lap entre cette pointe et l'île de Nui-neua, venir charger, pour ainsi dire à quai, le sel de Cho-ben et les objets de commerce que pourra plus tard produire le cercle de Baria. L'île de Nui-neua est par là même destinée à acquérir un jour une grande importance. Il ne serait pas impossible, croyons-nous, d'y créer une sorte d'entrepôt où les navires pourraient trouver à se ravitailler et attendre sans dépenses la réponse aux demandes de fret transmises par le télégraphe du cap Saint-Jacques. Une montagne assez élevée, très-giboyeuse et boisée couvre la superficie presque entière de l'île. Les parties basses de cette montagne sont très-fertiles et se prêteraient facilement à l'établissement d'un centre assez important de population.

Quant à la presqu'île du cap Saint-Jacques, elle-même, longue de 20 kilomètres sur une largeur qui varie de 2 à 5 et terminée par une chaîne de montagnes de 4 à 500 mètres, elle offre peu de ressources. Cent-cinquante Annamites environ l'occupent seuls. Toute la partie centrale est entrecoupée de marécages à moitié salés.

---

(1) Le vuong.

Les cocotiers forment presque la seule richesse des habitants. Avec les filaments qui entourent la noix de coco, on fabrique des cordages très-solides ; avec la noix elle-même, des ustensiles de ménage ; avec l'amande rapée et soumise à l'action du feu, une huile qui donne une lumière très-blanche et très-brillante. Seize cocos environ fournissent une livre d'huile. Le cocotier est, on le voit, presque aussi utile que le bambou qui sert à tant d'usages divers. — Il ne faut pas oublier parmi ses produits l'eau saine et rafraîchissante que renferme la noix et que le voyageur altéré comble toujours de ses bénédictions. Toute l'huile fournie par la presqu'île est achetée par le gouvernement pour alimenter le phare élevé à 480 mètres de hauteur sur le sommet du cap Saint-Jacques même (en annamite *cai Mui Wung-Tau*).

Au pied du Cap et au nord se trouve la baie *des Cocotiers*. sur l'un des flancs de laquelle on a construit un petit fort occupé par un détachement de marins fusiliers. Une ligne télégraphique relie le fort au phare et au sémaphore, tandis qu'il est relié lui-même à Saïgon par Baria et Bien-hoa. Tout navire est ainsi signalé à Saïgon dès qu'il a pu communiquer avec le sémaphore par les signaux nautiques en usage. C'est là un avantage d'une grande importance pour les navires à voiles. Quant aux navires à vapeur, ils ne mettent que cinq ou six heures pour remonter du Cap à Saïgon. L'avance matérielle de la dépêche qui les signale est donc peu de chose ; mais quand ce vapeur est le courrier de France, qui apporte les nouvelles de la patrie lointaine, on ne saurait croire avec quelle impatience le signal du Cap est attendu, avec quel soin minutieux on calcule le temps que le navire mettra à remonter la rivière et celui que nécessitera le dépouillement des valises de la poste.

Pour nous qui, arrivés au cap Saint-Jacques voyons le bateau des Messageries poindre au large et qui avons peut-être acquis par une course de 3 à 400 kilomètres le droit de nous reposer quelques jours, nous nous adresserons à l'obligeance du capitaine pour lui demander de nous conduire à Saïgon, où nous nous préparerons, tout en lisant notre correspondance à terminer par une course en bateau notre visite générale de la Cochinchine.

LE PHUOC-LOC. — CAN-GIOC. — GO-DEN.

On trouve amarrés au quai de Saïgon des bateaux de toute taille qui à la marche se comportent parfaitement. Les bateliers et les batelières sont eux-mêmes fort adroits. Ils manient l'aviron debout avec une grâce et une adresse incomparables. Les bateaux ordinaires (*gé* en annamite, en langue franco-annamite *sampang*, corruption d'un mot chinois) sont longs de 25 à 30 pieds sur une largeur de près de 4 pieds. Le milieu est couvert d'une sorte de petite cabane en paillotte, de forme arrondie. Il faut s'y tenir assis ou couché. Une batelière est le plus souvent à l'avant, pesant avec vigueur sur l'aviron retenu par un lien à un piquet de bois fixé au côté droit du bateau. Sur l'arrière, un peu relevé et muni d'une petite plate-forme, un homme manie avec adresse un long aviron, fixé sur la gauche du bateau par le même moyen qu'à l'avant, et qui lui sert aussi le plus souvent de gouvernail. Un pied sur la plate-forme, l'autre sans cesse en mouvement et posant à peine à chaque temps de nage sur le plat-bord étroit du bateau, l'Annamite dirige sa course avec une aisance prodigieuse à travers les obstacles naturels et les barques qui se croisent en tous sens. — Le véritable triomphe de cette habileté se déploie dans la conduite des légères et étroites embarcations qui servent aux Annamites à voisiner dans les arroyos. Alors le batelier est seul, à l'arrière. S'il y a une charge un peu lourde, les bords de la barque rasent l'eau et de loin on croit voir l'homme glisser lui-même sans efforts à la surface de la rivière. Il faut certes, pour en arriver là, un véritable miracle d'équilibre. Dès leur enfance, du reste, les Annamites s'exercent à la manœuvre de l'aviron, et cet exercice est pour eux sans fatigue. J'ai vu des rameurs nager pendant quarante-huit heures de suite sans dormir, et sans manger autre chose que quelques poignées de riz.

Nous choisirons donc un de ces sampangs et nous y mettrons avec précaution quelques provisions de bouche; non pas certes, que l'hospitalité soit moins affable dans les cercles qui nous restent à visiter; mais l'arroyo est si capricieux, le mouvement du flux et du reflux si irrégulier dans ces rivières qui ont deux sources et deux embouchures, que l'on met souvent dix ou douze heures pour accomplir un trajet qui n'en exige d'autres fois que quatre ou cinq.

Nous suivrons d'abord une partie du cours de l'arroyo chinois, si gai, si animé, jusqu'à l'église de Cho-quan. Là nous tournerons au sud et nous irons rejoindre par l'arroyo de l'Amphitrite, le Rach-Gioï, ainsi appelé du grand nombre de *roussettes* ou *chauves-souris géantes* (en annamite *kon-gioï*) qui affectionnent certains arbres de ses bords. Ces chauves-souris, qui atteignent quelquefois 25 ou 30 centimètres de longueur et plus de 50 centimètres d'envergure, sont considérées par les Annamites comme un gibier excellent. J'ai été plus d'une fois obligé dans ces parages de décharger mon fusil sur ces animaux inoffensifs, pour satisfaire le désir de mes bateliers.

En quittant le Rach - Gioï, nous tombons dans le Rach-Cat, large rivière qui nous mène en peu de temps au village de Cangioc, siége de l'inspection du Phuoc-loc, et lieu de résidence d'un détachement de troupes. C'est dans ce cercle que s'étaient réfugiés, sous les ordres d'Am-lam-phu, les derniers débris des bandes de Quan-dinh, le célèbre rebelle de Go-cong. Grâce à d'énergiques efforts, toute trace de ces pillards enrégimentés a disparu dans ce cercle. Les habitants peuvent maintenant profiter de la paix pour développer l'agriculture déjà florissante chez eux.

Ce district est borné par la route de Saïgon à Mitho, le Vaïco oriental, le Grand-Vaïco, le Soirap, le Donnaï jusqu'à la hauteur de Can-gioc, et enfin le Rach-Cat. La partie située entre le Rach-Cat et le Donnaï est excessivement marécageuse, fort peu habitée, très-pauvre. Au contraire, les rizières occupent presque entièrement l'autre moité du district.

Il y a en Cochinchine une grande variété de riz, compris dans deux grandes divisions : les riz tardifs et les riz hâtifs. Les premiers, dans la partie méridionale de la basse Cochinchine, se sèment vers le mois de juin dans de petits carrés de terrain appelés *lua-mà*, se repiquent dans les rizières deux mois après et se récoltent vers novembre ou décembre. Il n'y a qu'une seule récolte de riz par an ; à Hüé on en fait deux ; dans les *Giong*, ou îlots de terre sablonneuse parsemés au milieu des terres basses et argileuses des grandes plaines de Mitho, on fait aussi deux récoltes sur le même terrain : une première de riz hâtif, *lua-sôm*, semé en mai, récolté en août, et une seconde de tabac, coton ou arachides. Si l'année est particulièrement

favorable, on peut même obtenir une troisième récolte. Le dé-
corticage du riz se fait dans chaque maison au moyen d'une
sorte de grand mortier en bois où l'on bat le grain, soit à bras,
soit au moyen d'un pilon adapté à l'extrémité d'une longue
barre de bois tournant sur un axe et sur l'autre extrémité de laquelle un homme agit avec son pied. Le riz non décortiqué ou
paddy produit environ moitié de son volume en riz décortiqué.
Dans la province de Bien-hoa, le rendement des rizières est de
100 pour 1; dans la province de Mitho, il y a des champs qui
rapportent 300 pour 1.

A part le riz, le cercle de Cangioc offre peu de cultures importantes; un peu de tabac, de fruits, de légumes s'ajoutent
seuls à la culture générale.

Nous quitterons donc ce cercle après un court séjour, et nous
remonterons le Rach-Cat jusqu'au village du même nom, situé
au confluent de cet arroyo avec celui du Ben-luc. Nous trouverons là, si le besoin s'en fait sentir, toutes les ressources nécessaires pour renouveler nos provisions de vivres, de la viande de
porc, des poulets, des œufs, du riz, du poisson, des fruits, des
légumes. En suivant le cours méridional du Ben-luc, nous ne
tarderons pas à atteindre Bin-dinh, où la route de Saïgon à
Mitho coupe l'arroyo. Le nom de *route* est peut-être un peu
ambitieusement choisi; c'était là autrefois, il est vrai, que pas-
sait la route impériale de Hué à Vinh-luong, par Saïgon et Mitho.
J'ignore si elle était alors mieux entretenue; actuellement on
ne peut y passer que si l'on ne craint pas de se plonger jusqu'aux genoux, souvent jusqu'à la poitrine, dans l'eau et la vase.
Ce sont des accidents qu'il faut prévoir pour n'avoir pas à s'en
étonner.

Une portion de cette route est toutefois suffisamment sèche;
c'est elle qui de Binh-dinh va rejoindre le village de Go-den et
le Vaïco. Si la chaleur du jour est tombée, nous laisserons notre
bateau descendre sans nous le Ben-luc et nous suivrons à pied
cette route éclairée par la lune. La nuit donne à ces interminables plaines de riz un caractère bizarre. La vue s'étend jusqu'à l'horizon le plus éloigné, cherchant en vain un objet quelconque qui ressorte au-dessus de ce tapis verdâtre, assombri
par le crépuscule; la tristesse de ce paysage double la longueur
et la fatigue du chemin; mais il faut avoir contemplé la Cochinchine sous tous ses aspects pour ne pas se laisser aller à
une admiration exagérée.

Nous trouverons d'ailleurs bonne hospitalité au fort de Go-
den. Un voyageur est, en effet, un homme différent de ceux
qu'on a chaque jour sous les yeux ; il apporte des nouvelles de
Saïgon ou d'un autre poste ; il lui est arrivé quelque accident
qui entretient à frais nouveaux la conversation. Nous qui venons
de faire une route longue et accidentée, qui avons visité les
postes du nord et de l'est, qui avons certainement exécuté,
comme tous bons voyageurs, plus d'une prouesse extraordi-
naire, à nulle autre pareille, payons largement notre écot de
nouvelles et de gaieté, afin de trouver au retour aussi bon
accueil.

Nous continuerons ensuite notre route jusqu'au Vaïco, où
nous retrouverons notre bateau à l'heure dite ; car le temps
n'est plus, heureusement, où la navigation d'arroyo était aussi
dangereuse qu'une course autrefois à travers la forêt de Bondy.
On n'est plus exposé à voir surgir d'une petite baie cachée sous
les branches quelque barque de pirate en quête de pillage.
L'arroyo est sûr depuis la mort de Quan-dinh et de ses principaux adhérents, Quan-la, Quan-thi.

Nous descendrons donc tranquillement, dormant même, si le
sommeil nous y invite, au bruit des chants bizarres de nos rameurs, le Vaïco oriental et ensuite le grand Vaïco jusqu'à
l'arroyo de Go-cong, le Rach-la, afin d'aller visiter cet important chef-lieu du Tan-hoa, qui fut en 1862 la base d'opérations
des Annamites soulevés.

GO-CONG. — TAN-AN. — MI-THO.

La famille impériale de Hué tire en partie son origine de ce
pays par la mère de Tu-duc, née à Go-cong ; un grand nombre
des habitants sont alliés à cette famille, et portent le nom pa-
tronymique de Nguyen, particulier à la dynastie actuelle de Hué.

On conçoit par là quelles difficultés les Français durent ren-
contrer lorsqu'ils voulurent s'établir dans cette région peuplée
des gens les plus portés à leur résister.

Quan-dinh, ancien mandarin militaire, l'un des défenseurs
de Qui-hoa, s'y réfugia après la défaite des Annamites, y en-
tretint un foyer de haines contre les envahisseurs étrangers, et
provoqua la nouvelle lutte qui éclata à la fin de 1862, et dont
le premier signal fut l'attaque du fort du Rach-tra et la mort

du capitaine Thouroude. Des forces considérables furent en-
voyées de Saïgon pour étouffer le mouvement dans le centre
même des ressources de l'ennemi. Go-cong fut pris en février
1863. Après ce coup décisif, Quan-dinh, réduit à se cacher de
village en village, continua son œuvre avec une énergie infati-
gable, mais sourdement et sans obtenir aucun succès. Au bout
de deux ans seulement, grâce aux persévérants efforts du commandant du cercle, M. Gougeard, le célèbre chef de partisans
échoua dans une dernière tentative et fut tué en combattant par
le doi Thân, son ennemi particulier.

Nous nous sommes un peu étendu, contrairement à ce que
nous avons fait dans le reste de cette étude, sur la partie his-
torique relative au Tan-hoa, parce que d'abord Quan-dinh,
par sa persévérante et courageuse lutte contre les vainqueurs
de sa patrie, était en quelque sorte devenu un personnage lé-
gendaire dans la basse Cochinchine, et ensuite parce que l'histoire
de sa vie et de sa mort montre que notre domination est désormais établie dans la colonie sûrement et sans conteste. Il n'y a
plus d'arrière-pensée chez les vaincus ; ils veulent maintenant
profiter sérieusement de la paix et de l'égalité de justice que
nous leur avons assurée. Certes, il se passera une longue suite
de temps avant que la race victorieuse se mêle à la race vaincue,
si jamais une pareille fusion doit avoir lieu, même partielle-
ment ; mais du moins, elles vivront à côté l'une de l'autre, con-
courant au même but, rivalisant d'efforts dans le même sens.

Dans le Tan-hoa, d'ailleurs, le travail de progrès est facile ;
il n'y a pour augmenter la richesse commune qu'à labourer
quelques sillons de plus chaque année. Les buffles ne manquent
pas. La qualité du riz, petit et dur, est excellente, préférable
même à la plupart des riz de Mitho.

Vinh-loi et Cho-gao, sur la route de Go-cong à Mitho et dans
la province même de Mitho, sont les deux centres les plus importants du pays.

Go-cong est relié lui-même à Saïgon par une ligne télégraphique qui, remontant directement au nord, traverse le grand
Vaïco par un câble de 1,000 mètres, passe par Can-duoc, em-
prunte à quelques kilomètres au-dessus de Rachiem les poteaux
de la ligne qui réunit Can-gioc à Go-den, se glisse invisible sous
le Rach-ben-luc à Binh-dinh et arrive enfin à Saïgon par la
grande route de Cho-len.

En quittant Go-cong nous suivons l'autre branche du Rach-la

qui nous mène au Vaïco occidental : nous remontons le cours de celui-ci avec l'aide du flot ; nous passons devant Ki-son, avec lequel nous échangeons un salut amical, et nous arrivons à Tan-an, ou plutôt a Binh-lap. Le siége de l'inspection et le poste militaire qui lui est adjoint étaient autrefois placés sur le cours et près de l'embouchure d'un petit arroyo, tributaire de la rive gauche du Vaïco occidental. On les a depuis transportés à l'entrée de l'arroyo connu sous le nom d'arroyo de la Poste. Tout autour de Tan-an rayonnent une quantité de petits arroyos, arrosant des champs, reliant des villages et des hameaux.

Nous empruntons à une étude sur la province de Mitho, par M. Feytaud, lieutenant de vaisseau, quelques lignes qui peignent bien le caractère de cette partie de la Cochinchine :

« On est étonné partout du soin avec lequel l'Annamite « cache sa demeure. Les villes sont masquées par quelque île « qui permet de barrer toutes les avenues ; les villages sont au « fond des arroyos protégés par toutes sortes de détours et par « les marées qui les laissent à sec pendant une partie de la « journée ; enfin les maisons isolées se cachent dans un bou- « quet d'arbres et sont reliées au fleuve par un petit canal dont « l'entrée est invisible. »

Le cercle de Tan-an occupe une grande étendue de terrain entre les deux Vaïcos, plus une bande comprise entre le grand Vaïco et le Vaïco occidental d'une part, et d'autre part, une ligne passant par le Rach-lap et Kien-an-phu, sur l'arroyo de la Poste.

La seule partie bien cultivée est celle qui se trouve à l'est du Rach-bobo et de l'arroyo *Commercial*. Le riz est, comme dans toute la basse Cochinchine, la principale culture. Malgré la nature du terrain, bas, marécageux, presque sans abri, quelques tigres viennent de temps en temps exercer leurs ravages dans les cantons de ce cercle. Mais leur humeur paraît être moins terrible que celle de leurs congénères des terrains secs et boisés, si nous en jugeons du moins par une chasse au tigre à laquelle nous avons pris part près de Tan-an, et où, chose rare, le succés couronna nos efforts.

Pour aller de Tan-an ou plutôt de Binh-lap à Mitho, nous n'avons plus qu'à suivre dans toute sa longueur l'arroyo de la Poste, ce charmant canal si frais, si gai à parcourir. Cet arroyo, comme tous ceux du même genre, a été, non pas entièrement creusé de main d'homme, mais seulement canalisé. Commencé depuis plus d'un siècle, l'arroyo de la Poste n'a guère été terminé qu'il y a quarante ans, formant ainsi la dernière portion de cette belle voie commerciale qui relie Saïgon à Mitho, par l'arroyo chinois, le Ben-luc et le Rach-bobo.

L'aspect de cet arroyo est peut-être plus agréable encore que celui de l'arroyo chinois; la végétation y est plus luxuriante, la richesse du sol et des habitants plus apparente. On passerait des heures entières le matin ou le soir à contempler les ravissants détails de ce cours d'eau, les feuillages si gracieux de l'aréquier, du palmier, du bananier qui se pressent sur ses bords, les jeux de la lumière qui, sous les arcades de verdure, glisse et va se réfléchir sur quelque objet brillant.

Si l'on voyage la nuit, c'est alors une véritable illumination, féerie resplendissante de mille brillants éclairs; une innombrable quantité de lucioles couvrent les arbrisseaux des deux rives, et comme par un accord secret projettent ensemble leurs feux scintillants; on ne peut se faire d'avance une idée d'un pareil spectacle embelli encore par le calme ordinaire des nuits tropicales.

L'arroyo de la Poste vient se jeter dans le bras nord de Mitho, laissant sur la rive droite la ville de ce nom. Précisément en face dans le grand fleuve se trouve l'île Coulao-Rong qui cache l'entrée de l'arroyo derrière un rideau de verdure.

Mitho serait, avec sa vieille citadelle et ses vastes magasins, la première ville commerciale de la Cochinchine, si les navires venant du large pouvaient facilement pénétrer dans les bras du fleuve qui y conduisent.

Celui qui est le plus direct et le plus favorable à l'atterrissage par suite des relèvements que fournissent le cap Wung-taù et le cap Ti-wan n'est guère praticable que pendant la mousson de S.-O. aux navires d'un tirant d'eau moyen. Il faut des conditions exceptionnelles pour que les bâtiments calant plus de 5 mètres puissent franchir les bas-fonds de l'embouchure du Cua-tieu.

Ces considérations permettent de voir quel avantage serait assuré sur les jonques annamites et chinoises, aux bâtiments à vapeur qui viendraient faire le cabotage dans le grand fleuve, en remontant à Mitho, Coulao-shum et Sadec.

L'énorme commerce d'exportation que peuvent fournir les provinces de Mitho, de Vinh-luong et tout le Cambodge deviendrait ainsi, pour ainsi dire, le privilége des entreprenants fondateurs d'une ligne de bateaux à vapeur.

Dans toute cette région, le riz est abondant, de qualité supérieure; la canne à sucre, le coton, l'indigo y viennent vite et à profusion. Le Cambodge envoie du nord les bois de ses forêts. Le poisson des arroyos sert à fabriquer une énorme quantité de *Nuoc-mam* ou eau de poisson.

Toutes les îles du fleuve sont maintenant habitées et cultivées avec soin; les fruits et les légumes qui en proviennent vont s'offrir au marché de Mitho où ils forment l'objet d'un commerce important.

La partie cultivée de la province de Mitho est certainement de toute la Cochinchine celle qui réclame le moins de soins pour les progrès de l'agriculture, à part des débouchés plus faciles. Chaque petit coin est utilisé; on sent que les Annamites comprennent la richesse du sol qu'ils foulent sous leurs pieds. Malheureusement une immense étendue de pays dans la direction de l'est et du nord-est est couverte d'eau une grande partie de l'année et ne produit absolument rien. C'est ce qu'on nomme la *Plaine des joncs*. Il faudrait de grands travaux de canalisation pour la rendre à la culture. On ne peut demander ce travail au gouvernement; il faut l'attendre de l'œuvre patiente des habitants dont l'agglomération croissante recule de jour en jour la limite de nos possessions productives. Quelques *giongs*, ou îlots de terre sèche et sablonneuse, sont semés d'ailleurs au milieu de cette grande plaine et peuvent facilement devenir de petits centres de travailleurs. Là, comme dans toute la Cochinchine, ce sont donc les bras qui manquent, le travail de l'homme qui fait défaut à la terre.

Pour terminer cette esquisse déjà bien longue de la Cochinchine française, il nous resterait à visiter la partie orientale de la province de Mitho, les postes de Cai-lai, Cai-bé, Tuoc-niou, Mi-cui et le Rach Ba-raï; mais cette visite nous apprendrait peu de détails nouveaux, ils ne compenseraient pas notre fatigue.

POULO-CONDORE.

Enfin, sans en faire l'objet d'une excursion particulière, nous avons à dire quelques mots de Poulo-Condore, petite île située

en pleine mer par 8° 37′ de latitude Nord et 104° 14′ de longitude
Est et qui appartient à la France. Cette île très-montagneuse,
présente une superficie d'environ 6,000 hectares, dont un
millier à peine est propre à la culture. Des eaux saines et
abondantes descendent de montagnes élevées, et malgré la présence de marais considérables, l'île n'est pas insalubre. On en
a fait une sorte de pénitencier pour les Annamites que la loi
condamne à mort et dont le gouverneur commue la peine en
déportation. Poulo-Condore comme toutes les îles volcaniques
recouvertes d'une couche épaisse de terre est excessivement
fertile. Il faudrait en augmenter la population afin de profiter
de sa richesse de végétation ; elle serait merveilleusement propre
par la nature de son climat à l'élève des moutons et des chèvres.
Peut-être quelques recherches y feraient-elles en outre décou-
vrir du minerai de fer assez riche pour mériter les dépenses
d'une exploitation spéciale.

Cette île se trouve d'ailleurs sur la route de Singapore à
Saïgon.

Nous n'avons fait que donner un aperçu général de ce qu'on
peut observer en traversant rapidement la Cochinchine sans
nous arrêter à rien d'une façon spéciale.

Il y aurait cependant bien des points curieux à approfondir,
bien des industries à étudier, bien des ressources à énumérer.
Nous aurions pu décrire plus amplement les mœurs et les habitudes du pays. Mais un travail de détail tel que celui-là sorti-
rait du cadre que nous nous sommes tracé. Nous avons voulu
seulement montrer dans une vue rapide, le principal caractère
de chaque partie de la colonie, appuyant davantage sur les
territoires les plus importants par les progrès faciles qu'on
peut y réaliser.

Nous allons maintenant exposer brièvement l'organisation
et l'état du pays et indiquer les points saillants qui doivent
fixer notre attention.

II

FORCES MILITAIRES.

Nous avons déjà fait remarquer avec quelle facilité les positions importantes de la Cochinchine peuvent être défendues contre une agression étrangère.

Mitho, situé sur un bras de fleuve d'un accès difficile, protégé en outre par une île qui commande l'entrée de l'arroyo de la Poste, offrirait à l'ennemi des obstacles sérieux. Les abords de Baria et des territoires de l'est sont défendus par le cap Saint-Jacques d'abord et ensuite par les mouvements alternatifs de flux et de reflux. Enfin Saïgon, à 6o milles au nord du Cap est pour ainsi dire imprenable pour peu qu'on veuille faire une défense sérieuse. Une flotte ennemie n'aurait pas plus de chances de succès dans une attaque contre Saïgon que dans une attaque contre Paris. Une division navale d'une force médiocre sera, comme on voit, plus que suffisante pour défendre la Cochinchine contre une agression venant de l'extérieur.

L'hypothèse d'un blocus n'a rien non plus qui doive inspirer des craintes excessives. Car s'il est vrai qu'il empêcherait le commerce extérieur, il ne saurait du moins apporter qu'un malaise passager dans la colonie, puisqu'elle a une vie propre, des ressources intérieures.

A ces deux points de vue d'une attaque et d'un blocus, la position occupée par les Français est bien supérieure à celle que les Anglais ont choisie à Singapore.

Si l'on examine maintenant les chances d'une attaque intérieure, on verra qu'elle n'est pas davantage à craindre.

Le Cambodge, notre limitrophe de l'ouest est notre allié naturel par suite de l'hostilité séculaire qui le sépare des Siamois et des Annamites ; il est d'ailleurs sous notre protectorat et a tout à gagner dans de bons rapports avec les Français, qui sont maîtres de ses débouchés. — Au nord, nous n'avons pas d'ennemis. — A l'est, de vastes plaines désertes nous séparent des Annamites : ils ont appris à connaître le poids de nos armes et depuis la prise des lignes de Qui-hoa, ils ne nous ont jamais opposé de résistance sérieuse.

Enfin sur notre propre territoire, nous n'hésitons pas à dire que, pour tous ceux qui ont habité la Cochinchine, la supposition d'un soulèvement dans l'avenir est sans aucun fondement. Aucune cause actuellement existante, ne saurait amener un semblable résultat.

Il n'y a pas le fanatisme religieux qui a amené le soulèvement de l'Inde. Le culte bouddhique est, par son essence même, beaucoup plus tolérant que la religion de Brahma qui l'est peu, ou le mahométisme qui ne l'est pas du tout.

Le patriotisme n'existe pas non plus. Le pays a été trop ravagé par des guerres successives pour pouvoir se prêter à la naissance d'un pareil sentiment. La Cochinchine a été depuis longtemps comme un champ de bataille où sont venus se dénouer les nœuds de la diplomatie indo-chinoise. Les envahissements successifs des Siamois, des Cambodgiens, des Annamites, des Tongkinois y ont donné naissance à une population hybride qui n'a pas en elle-même ces traditions séculaires de race qui forment ce qu'on appelle le patriotisme.

Au point de vue des intérêts matériels, la domination française a donné déjà largement satisfaction aux regrets et aux désirs que pouvaient avoir les Annamites. Les impôts sont moins lourds, plus également répartis. Ce ne sont plus les habitants pauvres d'une commune qui ont à supporter toutes les charges au profit des notables, des riches. Les prévarications du système mandarinique ont disparu. La justice est rendue équitablement aux Annamites dans les différends qu'ils ont entre compatriotes ; la balance est tenue égale entre eux et les Français, et tout ceci n'est pas une simple dissertation de rhétorique, un éloge fait à plaisir. Ce sont des faits de la plus exacte, de la plus stricte vérité.

Les préoccupations morales n'existant pas, ou du moins n'ayant qu'une faible importance, les intérêts matériels étant satisfaits, il n'y a donc pas de cause sérieuse qui puisse amener un soulèvement des populations annamites de la Basse-Cochinchine. Si en 1864, il y a encore eu un mouvement, sans portée il est vrai, et basé plutôt sur certaines habitudes enracinées de pillage et de vol que sur une idée bien définie de lutte contre l'étranger, c'est que certains agents annamites plus ou moins avoués par Hué pouvaient encore tromper les habitants en leur annonçant la prochaine retraite des Français; mais depuis qu'une proclamation traduite en chinois et en annamite, affichée dans tous les villages, a montré clairement aux nouveaux sujets de la France que notre drapeau était irrévocablement planté sur ce pays, les craintes des Annamites inquiets de retomber sous la domination de leurs anciens maîtres ont complétement disparu. Ils se sont tous ralliés franchement, sans arrière-pensée, et les familles riches qui s'étaient prudemment tenues à l'écart, ont racheté leurs biens confisqués.

Il n'est pas besoin d'insister plus longuement pour montrer sur quelle tranquillité profonde on peut compter en Cochinchine, et comme conséquence naturelle à quelle faiblesse numérique de troupes on peut se fier pour son occupation.

Il y a actuellement dans la colonie six bataillons d'infanterie de marine pendant la saison sèche, quatre dans la saison des pluies. En prenant ces nombres pour base et tenant compte des maladies, des décès et des libérations on arrive à une moyenne de trois ans de séjour pour les troupes. Il faut ajouter à l'infanterie deux batteries d'artillerie et deux compagnies de canonniers conducteurs et d'ouvriers, plus un petit détachement du génie, un de gendarmerie et un escadron de spahis.

Sans vouloir entrer dans des considérations qui ne sont pas de notre compétence, nous dirons en présence du chiffre de ces troupes que l'on peut prévoir dans un avenir très-voisin le moment où l'on pourra diminuer les troupes qui tiennent garnison dans la colonie sans craindre d'en compromettre la sûreté.

Outre les troupes européennes, il convient de faire entrer en ligne de compte un nombre considérable de miliciens indigènes (1). Ils se trouvent sous les ordres directs des inspecteurs

---

(1) Environ 1800.

des affaires indigènes et sont chargés de la garde des prisons annamites, du service des trams, de toutes les mesures de simple ordre public prises vis-à-vis des Annamites, tandis que les soldats français maintiennent l'ordre au point de vue politique. Le nombre de ces miliciens est basé sur le chiffre des inscrits de chaque village. Les inscrits comprennent d'ailleurs (ou doivent comprendre) les habitants valides de 20 à 6o ans. Chaque village est tenu collectivement de fournir chaque année un certain nombre de miliciens ou *matas* et paye au gouvernement un certain impôt destiné à les nourrir et à les habiller. Généralement les mêmes individus restent plusieurs années de suite matas parce qu'ils y trouvent l'avantage d'une vie assurée et plus douce. Ils peuvent d'ailleurs avoir avec eux leurs femmes et leurs enfants.

La prévision d'une diminution que nous avons émise plus haut, s'applique également aux forces navales de la station de Cochinchine qui pourraient paraître un peu exagérées en temps de paix.

En considérant l'effectif d'hommes qu'elle nécessite et qui réuni à celui des troupes de terre forme un total d'environ 10,000 hommes, nous demanderons la permission d'énoncer, avec beaucoup d'hésitation, il est vrai, l'opinion que la division pourrait être réduite sans perdre de sa force en supprimant les non-valeurs et utilisant davantage les forces vives.

Nous n'insisterons pas davantage sur ces considérations, car ce n'est certainement pas le reproche de dépenser trop d'argent que l'on peut faire à l'administration de la Cochinchine; mais comme nous avons entendu regretter les charges imposées par la colonie à la métropole et dire que le budget de la marine était, pour cette cause, grevé de vingt-cinq millions, nous avons voulu indiquer que cette dépense, *en supposant qu'elle fût exacte*, pouvait se réduire dès maintenant et surtout diminuer dans l'avenir. On peut admettre que les dépenses militaires et navales, les seules qui soient payées par la France, pourront facilement tomber dans quelques années, en éliminant bien entendu celles qui auraient lieu en France comme elles ont lieu en Cochinchine, au chiffre de quinze millions. Or que représentent ces quinze millions? Notre influence tout entière dans l'extrême Orient. La possession de la Cochinchine est la sanction naturelle de nos expéditions dans ces contrées. Nous pouvons ailleurs mener à bien des guerres glorieuses sans conquérir des territoires ; mais dans l'Orient, l'influence, est encore en raison directe de la force. La Cochinchine est donc nécessaire à la France pour maintenir son influence, et nous pensons que l'on ne trouvera pas que ce soit trop cher de l'acheter au prix de 15 millions. Il faut songer de plus qu'à l'époque où l'on arrivera à ce chiffre pour le budget colonial, le budget local grandissant chaque année de son côté atteindra une valeur peu inférieure en recettes et que l'influence du temps aura pour effet de diminuer le premier pour augmenter le second.

Relativement à l'organisation même des forces militaires, nous avons peu de choses à dire.

Toutes les troupes sont placées sous les ordres d'un colonel ou d'un général.

Un commandant réside à Baria et a sous son autorité tous les chefs de poste de ce cercle.

Nous avons déjà indiqué les forts qui relèvent du commandant de la citadelle de Bien-hoa. Un capitaine est chargé du commandement militaire du cercle de Tay-ninh. Tong-Kéou est sous l'autorité directe du commandant des troupes ainsi que les postes du Tan-long, du Tan-hoa, du Phuoc-loc.

La province de Mitho seule, à cause de son importance, est confiée aux soins d'un commandant supérieur qui réunit tous les pouvoirs dans sa main.

DIRECTION DE L'INTÉRIEUR. — ORGANISATION ADMINISTRATIVE.

Jusqu'en 1864, les cercles de Bien-hoa et Baria étaient également réunis sous l'autorité d'un commandant supérieur. — Un commandant militaire dirigeait le Phuoc-loc, un autre le Tan-hoa. Les pouvoirs mal définis, nés d'un état de choses complexe, étaient insuffisants pour diriger la colonie dans de nouvelles voies. Ce fut à cette époque que fut créée la Direction de l'intérieur, que furent séparés d'une façon complète les pouvoirs civils et militaires ; que les uns eurent la mission d'assurer la tranquillité du pays, tandis que les autres allaient se mettre résolûment à l'œuvre pour fonder un état de choses durable.

Il n'y a pas à ce sujet à établir une comparaison entre l'Algérie et la Cochinchine.

Tout diffère entre les deux colonies ; et si dans l'une certaines

nécessités font pencher plus ou moins la balance en faveur d'un système mixte d'administration, il n'y a rien dans l'autre qui le justifierait.

Cette vérité a été parfaitement comprise. Dès maintenant, il y a en Cochinchine une autorité civile et une autorité militaire dont les droits et les devoirs sont analogues à ceux qui leur sont attribués en France. Les fonctionnaires de l'autorité civile sont, il est vrai, des officiers soit de marine soit d'infanterie de marine ; mais ce n'est qu'une apparence. — Il n'y a là qu'une question de personnes, et non une question de principes. — A cet égard, il ne faut pas oublier qu'il y aurait une souveraine injustice à refuser à ceux qui ont été les premiers instruments de l'organisation administrative le droit et le pouvoir d'aider à son développement. Se priver d'ailleurs maintenant de leur concours serait, en outre, perdre une somme énorme d'expérience acquise, le fruit d'un travail toujours long et pénible, mais qui l'est bien davantage dans un pays où les difficultés si ardues de la langue nous opposent d'incroyables obstacles.

La Direction de l'intérieur telle qu'elle est actuellement constituée comprend toute l'administration de la colonie au point de vue civil, judiciaire et financier, et se centralise à Saïgon en trois bureaux. Ses représentants, sur toute l'étendue du territoire, sont les inspecteurs des affaires indigènes.

Voici le tableau des divisions administratives de la Cochinchine.

PROVINCE DE SAIGON.

Inspections: Saïgon, Tan-lonh, Phuoc-loc, Tan-hoa, Tay-ninh, Tan-an.
Chefs-lieux: Saïgon, Cholen, Can-gioc, Tay-ninh, Go-cong, Binh-lap.

PROVINCE DE BIEN-HOA.

Inspections: Bien-hoa, Binh-an, Long-than, Baria, Bao-chanh.
Chefs-lieux: Bien-hoa, Thu-dau-mot, Long-than, Baria, Bao-chanh.

PROVINCE DE MITHO.

Inspections: Kien-hung, Kien-phong, Kien-dang, Kien-hoa.
Chefs-lieux: Mitho, Cai-bé, Cai-laï, Vieux-Mitho.

Ces quinze inspections sont régies par vingt inspecteurs divisés en quatre classes et neuf inspecteurs stagiaires.

Les fonctions des inspecteurs, ainsi que celle des stagiaires

qui leur sont adjoints sont nettement définies par l'arrêté du
3 octobre 1865.

Lorsqu'il n'y a qu'un seul inspecteur, il rend la justice aux
Européens et aux indigènes, tient les registres de l'état civil
pour les Européens, établit les rôles d'impôts et perçoit ces impôts ainsi que le revenu des patentes de commerce et des permis
de séjour délivré à des asiatiques étrangers, s'occupe enfin des
travaux du cadastre, des routes, des écoles, et généralement de
toute l'administration du cercle.

Lorsqu'il y a deux ou trois inspecteurs dans un cercle, le second et le troisième ont sous l'autorité du premier inspecteur
une partie spéciale de ses attributions.

On pourra, certes, trouver que ce sont là d'énormes pouvoirs
confiés à un ou deux individus ; que la multiplicité même de
leurs occupations les force à en négliger une partie, que l'administration de la colonie en souffre. Ce reproche est fondé.

Mais le remède, s'il est clairement indiqué par les faits mêmes,
n'est pas aussi facile à appliquer. Les raisons majeures d'économie qui dominent tout en Cochinchine ne permettent pas
d'augmenter immédiatement le personnel des inspecteurs de
façon à porter sur tous les points une attention suffisante. Des
efforts constants sont faits dans ce sens ; et le résultat qui se
fait presque immédiatement sentir encourage chaque année le
gouvernement local dans cette voie. Le travail des inspecteurs
se régularise de jour en jour, et de simples délégués du commandant en chef ils deviennent peu à peu de véritables fonctionnaires.

JUSTICE.

Nous avons dit que dans les cercles la justice était rendue aux
indigènes et aux Européens par les inspecteurs. Les Codes français, suivant l'arrêté de promulgation, en date du 21 juillet 1864,
sont appliqués aux Européens. Quant aux Annamites, ils sont
régis habituellement par le Code annamite, traduit en partie et
mis en ordre par le commandant Aubaret : seulement ils ont la
faculté de demander l'application de la loi française. Les ri-
gueurs de la loi annamite ont été d'ailleurs adoucies de un ou
plusieurs degrés. Les châtiments corporels fort usités autrefois
sous le régime mandarinique et administrés avec une sévérité
barbare, ont été petit à petit réduits. On a, avec raison, pro-

cédé en cela avec une sage mesure, parce que le peuple annamite habitué à cet usage dégradant pour sa dignité avait besoin
d'être auparavant éclairé et relevé à ses propres yeux par la
vue de nos coutumes. Au mois d'octobre 1865, les peines cor-
porelles ont enfin été légalement supprimées d'une façon complète ; et c'est là certainement une mesure qui fera le plus grand
honneur à l'administration française dans ce pays.

Un service judiciaire européen fonctionne en outre à Saïgon.
Un tribunal de première instance connaît dans le ressort de Saïgon des contestations entre Européens ou entre Européens et
Asiatiques, ou entre Asiatiques, si ceux-ci réclament sa juri-
diction. Un tribunal supérieur juge en appel les causes portées
d'abord, soit au tribunal de première instance de Saïgon, soit
devant les inspecteurs. Un tribunal criminel, aux travaux duquel
prennent part deux assesseurs choisis parmi les notables, connaît de tous les crimes commis dans le ressort de Saïgon et de
ceux commis en dehors du ressort, si un Européen se trouve
lésé ou compromis. Un procureur impérial est chef du service
judiciaire et représente en outre le ministère public.

Enfin, un tribunal de commerce garantit aux négociants et
aux capitaines de bâtiments une justice éclairée de leurs intérêts spéciaux. C'était là un grand pas à faire, quand on songe
qu'il y a deux ans un procès fameux dans l'histoire de la colonie, hérissé des difficultés les plus ardues du Code de commerce, donnant lieu aux expertises les plus compliquées, en un
mot, d'une importance exceptionnelle, fut jugé par un conseil
de guerre composé d'officiers à coup sûr convaincus et conscien-
cieux, mais peu préparés à discuter de pareils sujets.

Par une mesure empreinte d'un sage esprit de libéralisme,
les droits d'enregistrement ont été fixés par un arrêté daté du
2 septembre 1865 à la moitié de ceux établis en France. Un inspecteur est chargé spécialement du bureau de l'enregistrement et de tout ce qui s'y rattache.

BUDGET.

Si le grand nombre de mesures prises depuis la création de
la Direction de l'intérieur prouve l'activité de l'administration,
le résultat de ces mesures qui se traduit par l'état financier de
la colonie montre qu'elles ont porté leur fruit.

Depuis 1862 le budget s'est rapidement accru ; il a été :

en	1862	de	1,344,000	francs
—	1863	—	1,800,000	—
—	1864	—	3,012.000	—
—	1865	—	4,083,000	—
Il est en	1866	—	5,056,000	—

Cette augmentation n'est pas due à un accroissement d'impôts, mais bien à un développement de la matière imposable.

Il est facile de voir, d'ailleurs, que les impôts qui se sont le plus accrus sont précisément ceux qui ont pour base la véritable richesse, c'est-à-dire l'agriculture et le commerce. Ainsi l'impôt foncier qui était en 1865 de 1,545,000 fr., est porté pour 1866 à 1,765,000 fr. — Les droits de phare et d'ancrage, qui ont pour base, les premiers $0^{piastres},03$, les seconds $0^{piastres},50$ par tonneau de jauge, ont augmenté de 80,000 fr. à 150,000 fr. Il faut remarquer que les navires français ou espagnols, ou nolisés par l'État ou arrivant sur lest, sont exempts du droit d'ancrage.

Les principales sources de revenus sont :

La capitation ;

L'impôt foncier ;

Les ventes de terrains ;

L'impôt sur les barques annamites ;

Les permis de séjour délivrés aux Asiatiques étrangers ;

Les droits de phare et d'ancrage ;

Le produit de la ferme d'opium et de celle des jeux à Saïgon et Cholen ;

L'impôt des salines ;

L'impôt des bois ;

L'impôt des patentes, etc., etc.

La base de l'impôt foncier est l'hectare en lequel on a converti le *mau* annamite sur le pied de deux *mau* à l'hectare.

Le tarif de l'impôt foncier est ainsi fixé :

Rizières	1re qualité		$11^f,60$
	2e	—	10 »
Cultures diverses	1re qualité		$10^f,00$
	2e	—	6 »
	3e	—	4 »
	4e	—	2 »

Nous avons déjà vu que les salines avaient un tarif spécial d'impôts.

Les terrains bâtis de Cholen et ceux de Saïgon ont aussi le leur. Ainsi à Cholen, l'impôt varie de 0ᶠ,005 à 0ᶠ,150 le mètre carré.

La grande difficulté qui arrête l'accroissement du produit de l'impôt foncier est l'absence presque complète de cadastre. Les inspecteurs, pour leurs évaluations, sont la plupart du temps obligés de s'en rapporter aux déclarations des maires et notables des villages. On conçoit qu'une grande quantité de la matière imposable échappe à l'investigation.

Des travaux de cadastre et de recensement ont été, il est vrai, commencés, mais ce travail gigantesque nécessiterait un personnel considérable. Ce sont, quant à présent, les inspecteurs qui sont obligés de s'en acquitter. Ils ont pu corriger déjà beaucoup d'erreurs et donner quelques chiffres exacts. Ainsi,

Dans le Kien-hung, il y a 4 cantons, 52 villages, 80,000 habitants environ.

La proportion des décès serait de 10 p. 100, celle des naissances de 19 p. 100.

Dans le cercle de Ta-nan il y a 8 cantons, 82 villages, 27,000 habitants, 21,000 hectares de rizières.

Dans le Phuoc-loc il y a 6 cantons, 106 villages, 52,000 habitants, 40,000 hectares de rizières.

Pour la répartition des impôts personnels et fonciers des villages, c'est à la commune et non aux individus que l'administration a affaire ; le village est responsable du versement de ces impôts. Réunis par les soins des notables entre les mains des maires et des chefs de cantons, ils sont apportés aux inspecteurs et dès maintenant régulièrement payés. Il y a plus, ils sont payés souvent d'avance. Ainsi, au mois de septembre 1865, tout l'impôt, à de rares exceptions près, était versé au trésor. Un autre signe de la confiance du peuple annamite, c'est qu'au lieu de payer l'impôt en sapèques, cette petite monnaie de zinc embarrassante, ils en ont soldé la dernière fois une très-grande partie en piastres, peu inquiets désormais de montrer une richesse qu'ils voient garantie et respectée.

La véritable source qui alimente et qui doit alimenter de jour en jour davantage le trésor de la colonie, c'est l'agriculture. C'est là que doivent se porter les efforts les plus actifs et les plus persévérants. Il faut absolument que l'agriculture se développe tant par une augmentation de la quantité de terres en culture que par l'amélioration des procédés en usage; car, en admettant qu'il y a environ 10,000,000 d'hectares de terres cultivables en Cochinchine et en prenant comme impôt minimum 5 francs par hectare, on arrive au chiffre de 50 millions de francs, chiffre énorme, il est vrai, et qu'on n'atteindra pas de bien longtemps, mais qu'il faut avoir sans cesse devant les yeux comme le but auquel on doit tendre. Par l'agriculture, la Cochinchine sera la première des colonies françaises, la seule qui puisse procurer des bénéfices, non-seulement aux possesseurs européens du sol ou aux commerçants, mais à la métropole elle-même.

AGRICULTURE. — CONCESSIONS.

Actuellement dans le cercle de Tan-an, 1 hectare de rizières rapporte brut 200 francs et net 140 francs; il se vend 180 fr. (entre Annamites). Le revenu net augmentera par l'élévation de prix du riz, et le prix de vente augmentera davantage encore lorsque les Annamites, façonnés à la paix, consentiront à placer leurs capitaux dans des spéculations à plus long terme. Le taux de l'intérêt actuellement à 30 ou 35 p. 100 dans les affaires courantes et qui atteint une valeur de trois à six fois plus élevée dans certaines circonstances diminuera alors graduellement, et les petits propriétaires du sol pourront garder à la fois leurs récoltes et leurs terres au lieu de laisser aller les unes et les autres aux mains des usuriers.

Les Annamites livrés à eux-mêmes ne sauraient arriver à ce résultat. Il faut d'une part qu'ils soient instruits et stimulés par l'exemple de colons étrangers. Il faut en outre que le nombre des cultivateurs s'accroisse par quelque moyen que ce soit; l'avenir de l'agriculture et par suite de la Cochinchine est à ce prix.

Et d'abord la première condition nous amène à parler des concessions et des ventes de terrain. En 1864, les ventes de terrain ont produit une somme de 309,485 fr.; en 1865, une somme de 692,000 fr., se décomposant ainsi :

Terrains urbains {	Saïgon. . . .	95,550
	Cholen. . . .	584,000
Terrains ruraux, 724 hectares. .		12,450
		692,000

En 1866, elles sont inscrites au budget pour une somme de 550,000 fr., et si l'augmentation sur les prévisions se maintient au même taux que les années précédentes, comme il y a tout lieu de le croire, elles dépasseront 800,000 fr. La majeure partie des ventes rurales portant sur des terrains de rizières ont été faites à des Annamites à un prix variant de 10 à 25 fr. environ l'hectare. Les terrains urbains achetés par les Européens sont presque tous situés à Mitho ou à Cholen et Saïgon, et leur prix n'a pas dépassé 60 cent. le mètre carré.

L'arrêté du 30 mars 1865 fixe la manière de procéder pour les lots de terrains ruraux à vendre par l'État. Celui du 15 juin indique le tarif applicable aux terrains compris dans la circonscription de la ville de Saïgon. Enfin, celui du 3 octobre détermine le mode de vente et l'impôt dans l'intérieur de Cholen.

Pour les premiers le prix de vente, qui ne peut être inférieur à 10 fr., est fixé par une Commission composée du quan-bô de Saïgon, de l'inspecteur du cercle et d'un ingénieur. Le payement a lieu en deux annuités ; un droit d'enregistrement de 5 fr. par hectare est seul versé immédiatement. L'impôt, déterminé aussi par la Commission et évalué en moyenne à 10 fr. l'hectare, n'est exigible qu'au bout de trois ans pour les concessions au-dessous de 50 hectares. Les concessions au-dessus de cette étendue sont libres d'impôt pendant trois ans, et la moitié seulement de l'impôt est exigible pendant trois autres années.

Les terrains de Cholen et de Saïgon sont vendus aux enchères publiques. Voici le tableau des mises à prix et des rentes annuelles pour le mètre carré à Saïgon et à Cholen :

SAIGON.

	1re classe.	2e classe.	3e classe.	4e classe.	5e classe.
Mise à prix..	10f	3f	2f	0f,75	0f,175
Impôts.	0,333	0,1665	0,0555	0,1110	0,0222

CHOLEN.

Mise à prix.	*Au plus offrant.*				
	1re classe.	2e classe.	3e classe.	4e classe.	5e classe.
Impôts.	0,150	0,075	0,037	0,010	0,005

Nous ne pensons pas que l'on puisse trouver exagérées les conditions faites par le gouvernement à ceux qui veulent acquérir des terres. Elles sont simplement un moyen fiscal destiné à faire entrer, dès le moment présent, au Trésor des sommes importantes pour lui et peu lourdes pour l'acquéreur.

Tout individu qui voudra acheter, par exemple, 5o hectares pour se livrer à la culture des céréales ou des plantes industrielles, consentira évidemment sans difficulté à payer 1,5oo fr. en deux ans; ce n'est pas là une dépense sérieuse. On objecte que le gouvernement aurait dû concéder les terres gratuitement et qu'alors une foule de colons se serait portée vers la Cochinchine ; mais la considération que nous venons d'énoncer nous permet d'abord d'en douter vivement; ensuite s'il était venu des colons ne voulant ou ne pouvant faire cette première mise de fonds, ils n'eussent fait qu'encombrer le pays de bras inutiles et n'auraient apporté, au lieu d'un concours utile, que la misère et le désordre.

Le système actuel des ventes de terrain est suffisant pour permettre aux colons sérieux d'apporter leurs capitaux et leur activité.

Quant à la nature des exploitations auxquelles ils pourront se livrer, nous ne pouvons, comme on le pense bien, la leur indiquer d'une façon précise dans cette étude générale. Le riz, le coton, l'indigo, la soie, le café, la canne, les bois, le sel sont les principales sources de revenus à exploiter. Le champ est donc singulièrement vaste.

A cet égard, l'exposition qui va s'ouvrir à Saïgon (1) et à laquelle les Annamites ont été conviés, fournira de précieux renseignements sur les industries du pays, encore bien peu connues, il faut l'avouer. Si les Annamites s'y présentent avec confiance, comme tout porte à le croire, il y aura là une source abondante de recherches et d'études. Le comité agricole, chargé de préparer les éléments de cette exposition, a déjà réuni un certain nombre de données nouvelles que l'exposition elle-même mettra davantage en lumière et qui frapperont les yeux des Annamites eux-mêmes. Elles les éclaireront plus complétement sur les perfectionnements qui leur manquent.

Une autre condition nécessaire au développement de l'agriculture, c'est, avons-nous dit, l'accroissement du nombre des travailleurs. Les Annamites qui habitent le pays ne suffisent

---

(1) Depuis que ces lignes sont écrites l'exposition a eu lieu et les espérances que nous exprimions ont été largement dépassées. — C'est là un fait unique peut-être dans l'histoire des colonies.

pas pour en utiliser les ressources, quoique la population par kilomètre soit environ la même qu'en France. Mais l'Annamite, paresseux par naturel, peu soucieux par crainte habituelle de l'avidité des mandarins de se livrer à un travail dont il ne récolterait pas les fruits, n'a guère cultivé jusqu'ici au delà de ses besoins. — Il faut qu'un élément étranger vienne se mêler à lui pour qu'il voie les avantages d'un travail actif.

Quel peut être cet élément ? la réponse est simple. C'est l'élément chinois. Si on a, en d'autres pays, signalé les graves inconvénients de l'immigration chinoise, on a reconnu au contraire en Cochinchine les avantages qu'elle présente. Les Chinois en communauté de langage, de religion, d'habitudes avec les Annamites ne sont pour ainsi dire pas des étrangers dans le pays ; ils s'y fixent volontiers pour un temps assez long ; et ils sont disposés, s'ils y trouvent des avantages durables, à s'y établir définitivement. Sobres, patients, actifs, ils donnent une quantité de travail plus considérable que les Annamites. La suppression des maisons de jeux fera disparaître les causes les plus ordinaires de leurs rixes parfois sanglantes. Ils appartiennent (du moins presque tous ceux qui arrivent) à des corporations-mères résidant en Chine et ayant des représentants en Cochinchine. Tout chinois qui débarque à Saïgon est obligé de se réclamer de son chef de corporation qui, une fois qu'il l'a reconnu, devient responsable de sa conduite. Ce sont là de sérieuses garanties d'ordre. On peut donc, on doit donc attirer un plus grand nombre de Chinois en leur offrant dès leur arrivée ou avant même leur départ de Chine des conditions d'existence assurées.

Il n'est pas difficile déjà pour celui qui ne veut entreprendre qu'une petite exploitation de trouver parmi eux et parmi les Annamites les travailleurs nécessaires. Il sera facile pour une exploitation importante de faire venir de Sanghaï ou plutôt de Hong-Kong des Chinois déjà habitués aux travaux des champs pour les établir dans un pays où ils trouveront leur coreligionnaires, leurs amis, leurs parents peut-être.

La difficulté du manque de bras si souvent mise en avant est donc plus apparente que réelle. Il ne faut pas rester les bras croisés devant le sol en jachère. Il faut chercher des ouvriers on les trouvera, et dès qu'on les aura trouvés on produira abondamment.

COMMERCE.

Le commerce intérieur et extérieur est déjà, si l'on tient compte des circonstances, assez florissant, pour permettre de concevoir de belles espérances. Les tableaux ci-dessous (1) en fournissent la preuve. Saïgon, port franc ; tiendra dans l'avenir les promesses du présent.

PORT DE SAIGON.

Mouvement des navires de commerce pendant l'année 1865.

NATIONALITÉ.	ENTRÉES.		SORTIES.	
	Nombre.	Tonnage.	Nombre.	Tonnage.
Français.	92	62,360	93	61,754
Ang'ais.	61	20,015	60	19,849
Brémois.	9	2,226	11	2,698
Chinois.	24	2,359	24	2,478
Danois.	9	1,685	10	1,939
Hambourgeois.	20	5,239	33	9,112
Mecklembourgeois.	2	437	2	437
Norwégiens.	2	408	2	204
Américains.	2	792	2	1,486
Prussiens.	7	2,234	5	1,684
Hollandais.	6	2,150	6	1,821
Hanovriens.	2	308	3	462
Oldenbourgeois.	4	949	6	1,430
Russes.	1	220	2	446
Siamois.	8	1,928	8	1,759
Espagnols.	1	203	1	203
Belges.	3	697	3	697
Suédois.	1	234	1	234
Total.	254	104,444	272	111,513
Barques de mer anna-mites.	5,628	119,903	5,509	121,044

Ne sont pas compris les navires de guerre et les chargements pour l'État; sont compris 24 paquebots entrés et sortis.

(1) *Annuaire de Cochinchine* pour 1866, et *Courrier de Saigon* du 20 janvier 1866.

Mouvement des barques de mer annamites pendant l'année 1865.

ENTRÉES.

PROVENANCE.	NOMBRE.	TONNAGE.	BOIS à brûler. (Piculs.)	EAU de poisson. (Pots.)	SEL. (Piculs.)	POTERIE. (Nombre.)	LIGATURES. (Nombre.)	CHAUX. (Piculs)	POISSON salé. (Piculs.)
Baria.	3,118	52,258	256,650	198,350	377,915	»	20,692	»	38,789
Candjou.	692	11,769	95,410	31,900	25,841	»	»	»	27,704
Mitho.	218	3,786	»	2,300	»	»	10,070	»	»
Binthuan.	1,195	34,251	»	4,252,620	4,921	66,025	81,733	49,657	57,723
Phuyen.	152	6,589	»	193,608	25,266	87,763	39,715	10,750	3,197
Quangnam.	105	4,862	»	101,300	19,910	39,919	51,364	14,250	»
Binhdinh.	122	5,810	»	64,930	15,410	21,924	49,615	12,405	»
Divers.	3	638	1,950	11,700	3 375	3,000	20,203	15 530	4,638
Total.	5,628	119,903	354,010	4,868,108	508,798	217,751	276,392	102,592	149,051

SORTIES.

PROVENANCE.	NOMBRE.	TONNAGE.	PAILLOTTES pour toitures.	POTS VIDES pour eau de poisson.	SEL. (Piculs.)	JARRES de thé.	LIGATURES. (Nombre.)	RIZ. (Piculs.)	COTONNADE. (Pièces.)
Baria.	2,504	46,085	190,710	237,470	»	292	171,899	»	»
Candjou.	489	9,057	17,280	33,565	»	23	24,632	»	»
Mitho.	885	14,415	»	50,470	97,496	135	157,417	»	»
Binthuan.	1,200	33,333	1,174,180	1,835,940	»	1,766	215,030	27,257	7,704
Phuyen.	124	5,691	88,000	172,300	»	182	20,592	6,428	3,056
Quang nam	100	4,786	102,570	57,350	»	99	9,617	15,161	6,177
Binhdinh.	122	5,829	77,000	59,400	»	94	9,355	9,880	2,365
Divers.	85	1,848	34,450	3,900	11,921	»	3,585	1,021	3,606
Total.	5,569	121,044	1,684,190	2,450,395	109,417	2,591	611,627	68,747	22,908

Il faut remarquer que le Biathuan, le Phuyen, le Quang-nam et le Binh linh sont quatre provinces annamites de l'est qui entretiennent ainsi avec Saigon un commerce très-considérable.

PRINCIPALES EXPORTATIONS DE L'ANNÉE 1865.

NOMENCLATURE.			NOMBRE.	UNITÉ.	PRIX de l'unité.	SOMMES.
					Piastres.	fr.
Riz.	par long cours.	770,270	839,017	Piculs.	2,25	10,477,224.79
	par barques	63,747				
Coton.	par long cours.	12,858	16,447	»	35	3,194,829.25
	par barques	3,589				
Huile de coco.	par long cours.	1,979	2,266	»	14	176 068.20
	par barques.	287				
Paddy.	par long cours.	25,729	41,730	»	1,60	370,567.40
	par barques.	16,001				
Poisson.	par long cours.	57,704	81,515	»	5,50	2,488,215.37
	par barques.	23,811				
Sel.	par long cours.	260,496	369,913	»	0,40	821,208.86
	par barques.	109,417				
Médecines.			750	»	500	2,081,250.00
Sacs vides en paille.			1,472,267	Nombre.	3 le cent.	245,232.46
Ivoire.			350	Piculs.	350	219,802.50
Légumes secs.			12,884	»	3	214,518.60
Noix d'arec.			2,054	»	18	205,194.60
Bois.			2,497	Pièces.	9	124,725.25
Soie grége.			83	Piculs.	400	184,260.00
Cornes de buffles.			2,949	»	5	81,834.75
Ecailles de tortue.			4,887	»	3	81,363.56
Peau de buffles.			1,465	Nombre.	8 le cent.	65,045.00
Poivre.			958	Piculs.	15	79,753.50
Divers.			»	»	»	179,849.91
Total.			»	»	»	21,290,445.00

L'accroissement du mouvement commercial en Cochinchine dans l'année 1865 est rapide. Ainsi le mouvement général a été pour Saïgon et Mitho,

En 1864....... 380,519 tonneaux.
En 1866....... 502,282 —
Différence..... 121,763 —

Il en est de même pour la valeur des exportations.

Valeur en 1864. . . . . 16,697,787 fr.
Valeur en 1865. 21,290,445
Différence 4,592,658 fr.

La valeur des importations en 1865 atteignant un chiffre d'environ 13,500,000 fr., le mouvement général du commerce peut être porté comme valeur à 35,000,000 de francs.

Quant aux conditions dans lesquelles peut se faire le commerce, il suffit de jeter les yeux sur une carte de Cochinchine pour se convaincre des énormes facilités qu'elle présente.

A l'intérieur mille arroyos font communiquer entre elles toutes les habitations, celles-ci aux villages, les villages aux villes. Les frais de transport de toutes les productions du sol, avant d'arriver aux derniers magasins, ne les grèvent donc que de frais minimes. — La seule dépense est le temps, à cause des difficultés qu'oppose souvent le cours alternatif de l'eau dans les canaux. Le moyen de diminuer cette dépense de temps de la façon la plus complète serait d'abord de creuser les principaux arroyos à la drague de façon que les gros bateaux puissent à toute heure franchir les *dos-d'âne* et ensuite d'employer sur les artères principales des chalands à vapeur d'un faible tirant d'eau.

Supposons en effet que l'arroyo de la Poste, le Rach-Bobo et le Ben-luc permettent à toute heure à des chalands calant un mètre et demi de parcourir la distance qui sépare Cholen de Mitho. Le trajet serait de 6 ou 7 heures au lieu de 35 ; l'économie réalisée en temps et par suite, en argent, sur l'énorme mouvement de cette grande voie commerciale serait à elle seule suffisante pour donner naissance à un grand centre de commerce à Cholen ; à plus forte raison cette économie serait un avantage de première importance pour une ville qui a déjà pu malgré toutes sortes de difficultés arriver à ce point de développement. Ces considérations n'ont pas du reste échappé à l'attention de l'administration de la colonie; le dragage des arroyos est commencé. — Une maison de commerce chinoise a fait construire en France un chaland à vapeur. Il faut persévérer avec ardeur dans cette voie qui est de tout point excellente.

Si l'on a bien voulu suivre avec attention la description que nous avons essayé de faire de la Cochinchine, on aura vu qu'il y a plusieurs grandes artères commerciales sur lesquelles l'attention doit se porter, outre celle qui relie Cholen, d'une part à Mitho et d'autre part à Saïgon.

Ce sont :

Le Vaïco oriental qui apportera toutes les richesses du nord-ouest, pays fertile et pas encore exploité.

La rivière de Saïgon, à partir de Caïcong par où descendront les bois et les produits du Nord.

La rivière de Bien-hoa et le Rach-tieck dont nous avons signalé l'importance et qui doivent un jour amener à Saïgon et à Cholen le commerce d'une partie des provinces annamites du nord-est.

Enfin il y aurait lieu de dégager les abords de Baria et de lui donner avec le Rach-lap une communication aisée, afin que les produits de l'est puissent acquérir l'importance à laquelle ils sont appelés. Le marché de l'est et du sud-est ne peut être à Saïgon ou à Cholen dans l'état actuel des choses, tandis qu'on peut facilement l'établir dans ces parages.

Du reste, à part cette province de Baria, ce ne sont pas les grands centres de marché qui manquent en Cochinchine ; ce sont les centres moyens. Il faut s'attacher à en créer un plus grand nombre, afin que les Annamites, qui sont déjà portés à l'oisiveté et qui pourraient consacrer avec avantage à la culture le temps qu'ils dépensent à courir les arroyos pour porter leurs denrées au marché, trouvent près d'eux des débouchés sûrs et faciles, des commerçants toujours prêts à recevoir dans leurs magasins chacune des récoltes à mesure que la terre la fournit. Il faut que l'exemple de Thu-dau-mot se généralise. Cette heureuse expérience a montré ce qu'on pouvait faire à peu de frais dès qu'on parvient à faire comprendre aux Annamites leurs véritables intérêts.

En résumé, l'agriculture par l'accroissement du nombre des travailleurs, le commerce par le développement de l'agriculture ; voilà l'avenir de la Cochinchine et nous avons foi en cet avenir.

Nous serons heureux, bien heureux, si les lignes qu'on vient de lire peuvent décider quelques-uns à étudier de plus près ce beau pays et les amener ainsi à y consacrer soit leurs efforts, soit leur argent. Nous croirons par là avoir montré notre reconnaissance pour le bonheur que nous avons goûté en Cochinchine.

L. DE COINCY.

TABLE DES MATIÈRES

Paris. — Imprimé par E. Thunot et Cᵉ, 26, rue Racine.